Mathématique 2e année du 2e cycle du primaire

CAMÉLÉON

Cahier d'apprentissage C

Chantal Bergeron
Karina Sauvageau

W9-BEZ-830

LES ÉDITIONS
CEC
Une compagnie de Quebecor Media

9001, boul. Louis-H.-La Fontaine, Anjou (Québec) Canada H1J 2C5
Téléphone : 514-351-6010 • Télécopieur : 514-351-3534

Direction de l'édition
Claude Fortin

Direction de la production
Danielle Latendresse

Direction de la coordination
Rodolphe Courcy

Charge de projet
Johanne Chasle

Révision linguistique
Marie Auclair

Correction d'épreuves
Sabine Cerboni

Conception graphique

matteau parent
graphisme et communication

Chantale Richard-Nolin

Réalisation technique

matteau parent
graphisme et communication

Geneviève Guérard

Illustrations
Frédérick Fontaine
Jean Morin
Marc Chouinard
Yves Boudreau

REMERCIEMENTS

Les auteures et l'Éditeur tiennent à remercier les personnes suivantes pour leurs commentaires et leurs suggestions au cours de la rédaction de ce cahier.

Consultation scientifique
Raymond Forget, conseiller pédagogique et enseignant à la retraite

Consultation pédagogique
Martine Gagnon, enseignante à la Commission scolaire de l'Énergie
Brigitte Laflamme, enseignante à la Commission scolaire de la Beauce-Etchemin

Dans cet ouvrage, la féminisation des titres des fonctions et des textes est conforme aux règles d'écriture proposées par l'Office de la langue française dans le guide *Au féminin*, produit par Les Publications du Québec, 1991.

Caméléon, Cahier d'apprentissage C
© 2010, Les Éditions CEC inc.
9001, boul. Louis-H.-La Fontaine
Anjou (Québec) H1J 2C5

Dépôt légal : 2010
Bibliothèque et Archives nationales du Québec
Bibliothèque et Archives Canada

ISBN 978-2-7617-3009-9

Imprimé au Canada
3   4   5   6   7   15   14   13   12   11

Sources iconographiques

ShutterStock

1 © 28817359, 24428953, 33416065, 31156894 ;
2 © 24428953, 33416065, 31156894 ;
3 © 24428953 ; **4** © 33416065 ; **5** © 24428953, 33416065, 31156894, 19277122 ; **6** © 24428953 ;
7 © 4991431 ; **10** © 33416065 ; **12** © 24428953, 33416065, 31156894, 21101239 ; **13** © 24428953 ;
14 © 4991431 ; **15** © 24428953, 33416065, 31156894, 19277122 ; **16** © 24428953 ;
20 © 24428953, 33416065, 31156894, 19277122 ;
21 © 24428953 ; **22** © 24428953, 33416065, 31156894 ; **23** © 21101239 ; **24** © 24428953 ;
27 © 24428953, 33416065, 31156894, 19277122 ;
28 © 24428953 ; **29** © 33416065 ;
30 © 24428953, 33416065, 31156894 ;
31 © 24428953 ; **33** © 24428953, 33416065, 31156894, 19277122 ; **34** © 24428953 ;
38 © 35241742, 33416065 ; **40** © 13024723, 31200022, 11914132, 23467618 ;
41 © 31200022, 11914132, 23467618 ;
42 © 1965403, 31200022 ; **44** © 31200022, 11914132, 23467618 ; **45** © 23467618, 31200022 ;
46 © 1763465 ; **47** © 1186740 ; **48** © 24428953, 33416065, 31156894 ; **49** © 31200022 ;
50 © 1763465 ; **51** © 31200022, 11914132, 23467618 ; **53** © 31200022, 1186740 ;
54 © 31200022, 11914132, 23467618 ;
55 ©1965403 ; **56** © 31200022 ; **57** © 1186740 ;
60 © 31200022, 11914132, 23467618 ;
62 © 31200022, 1186740 ; **63** © 1763465 ;
64 © 31200022, 11914132, 23467618 ;
65 © 23467618 ; **66** © 31200022 ;
70 © 31200022, 11914132, 23467618 ;
71 © 31200022, 1763465 ; **72** © 1186740 ;
73 © 31200022, 11914132, 23467618 ;
74 ©1965403 ; **75** © 31200022 ; **77** © 1186740

LETTRE À L'ÉLÈVE

Bonjour !

Je m'appelle Caméléon.

Dans ce cahier, je t'invite à explorer le monde magique de la mathématique.

Joins-toi à Zachary, à Rachel et à moi-même pour vivre de grandes aventures.

Tu verras, apprendre en s'amusant, c'est possible !

Avec le concours de mes amis, je vais t'aider tout au long de ce voyage à approfondir tes connaissances et à acquérir de l'autonomie dans tes apprentissages.

Je vais également te proposer des trucs pour maîtriser les savoirs qui sous-tendent les diverses activités d'apprentissage et situations-problèmes de ce cahier.

Alors, sans plus tarder, place à l'aventure !

BIENVENUE DANS LE MONDE DE CAMÉLÉON!

Accompagne Rachel, Zachary et leur caméléon dans de grandes aventures! Comme tu le verras, leur caméléon est très malin. Grâce aux différentes astuces qu'il te propose, tu trouveras qu'il est facile d'étudier les mathématiques. Apprendre en s'amusant, c'est possible avec CAMÉLÉON.

Structure et organisation du cahier d'apprentissage

Le cahier d'apprentissage *Caméléon* est une ressource essentielle au développement des compétences ciblées par le programme de mathématique de la 2e année du 2e cycle du primaire. Ce cahier présente, entre autres, des notions théoriques, des activités d'apprentissage variées et des situations-problèmes concrètes liées aux concepts abordés. On trouve également un glossaire à la fin du cahier.

Les deux thèmes du cahier sont:

Les chevaliers • UN VOYAGE DANS LE TEMPS

Chaque thème est divisé en unités présentant les rubriques suivantes:

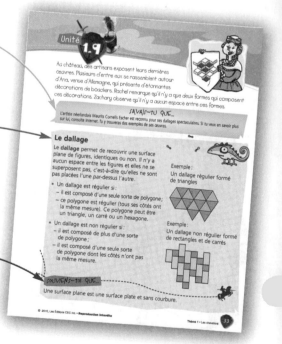

SAVAIS-TU QUE...

La capsule « Savais-tu que… » donne un supplément d'information sur certains sujets traités dans le thème. Le contenu de cette capsule peut servir de repère culturel en lien avec les mathématiques.

L'encadré théorique

Des notions théoriques complètes et détaillées sont présentées dans un encadré. On y trouve des documents visuels variés et des astuces favorisant l'apprentissage des mathématiques.

SOUVIENS-TOI QUE...

La rubrique « Souviens-toi que… » permet de réviser les notions mathématiques abordées au 1er cycle ou dans des thèmes précédents.

À toi de jouer...

La rubrique « À toi de jouer… » propose des activités d'apprentissage variées permettant à l'élève de vérifier, de structurer et de consolider sa compréhension des notions mathématiques abordées.

Situation d'application

Les rubriques « Petits défis » et « Grands défis » proposent des activités d'apprentissage ayant un niveau de difficulté un peu plus élevé.

Situation-problème

Dans cette rubrique, l'élève élabore des stratégies de résolution d'un problème. Cela lui permet de faire la synthèse de certaines notions théoriques abordées dans les unités précédentes.

Chaque situation-problème est répartie sur deux pages et sa durée est généralement de une période.

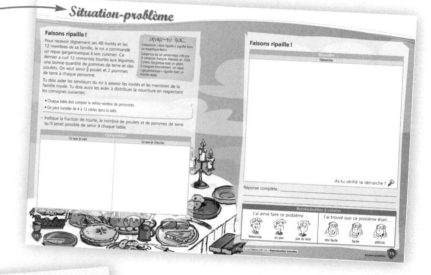

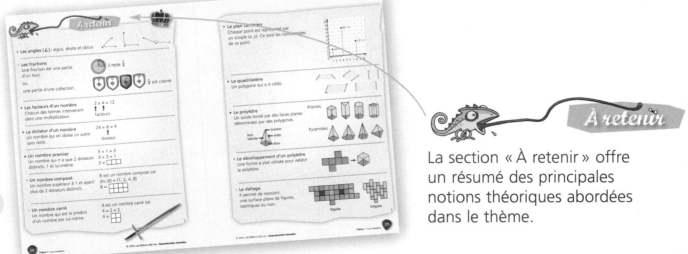

La section « À retenir » offre un résumé des principales notions théoriques abordées dans le thème.

TABLE DES MATIÈRES

Table des matières

Thème 1

Les chevaliers

« Zachary et Rachel aiment bien inventer des histoires dont ils sont les héros. Ces derniers temps, ils s'imaginent être des chevaliers du Moyen Âge. Justement, le roi organise un tournoi dans la cour du château. Mets ton armure de chevalier et rejoins nos amis ! »

Précédés de trompettes et de gonfalons aux couleurs de leur emblème, Zachary, Rachel et les autres chevaliers arrivent au tournoi sur de puissants chevaux que l'on appelle « destriers ».

SAVAIS-TU QUE...

Un gonfalon est un drapeau à plusieurs pointes qui est suspendu à un fer de lance. Les chevaliers du Moyen Âge avaient l'habitude de se placer juste en dessous.

Un pennon est un drapeau triangulaire à longue pointe. Les chevaliers du Moyen Âge l'accrochaient au bout de leur lance.

Les angles

Un angle est une figure géométrique formée par 2 demi-droites ayant la même origine. Le symbole pour désigner un angle est « $\angle$ ».

L'**angle droit** est formé par deux demi-droites perpendiculaires ayant la même origine, comme les coins d'une porte.

sommet

On dessine un carré au sommet de l'angle pour marquer l'angle droit.

L'**angle aigu** est un angle plus petit qu'un angle droit sans être nul, comme la pointe de ce pennon.

sommet

On dessine un arc de cercle au sommet de l'angle pour marquer l'angle aigu.

L'**angle obtus** est plus grand qu'un angle droit sans être plat, comme le haut de ce bouclier.

sommet

On dessine un arc de cercle au sommet de l'angle pour marquer l'angle obtus.

1 Zachary observe les gonfalons des différents groupes de chevaliers. Trace en rouge les angles droits, en vert les angles aigus et en bleu les angles obtus.

a) Sieur de la Mouche

b) Sieur de la Manque

c) Sieur de l'Étang

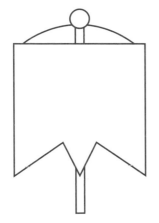

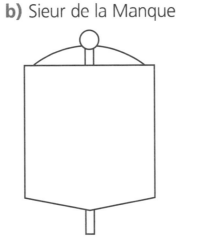

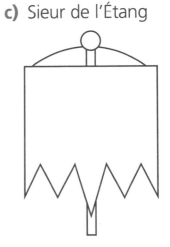

2 Crée ton propre gonfalon. Inclus au moins 2 angles droits, 3 angles aigus et 2 angles obtus. N'oublie pas d'utiliser ta règle !

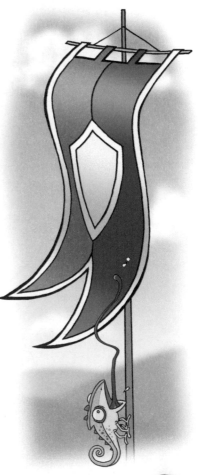

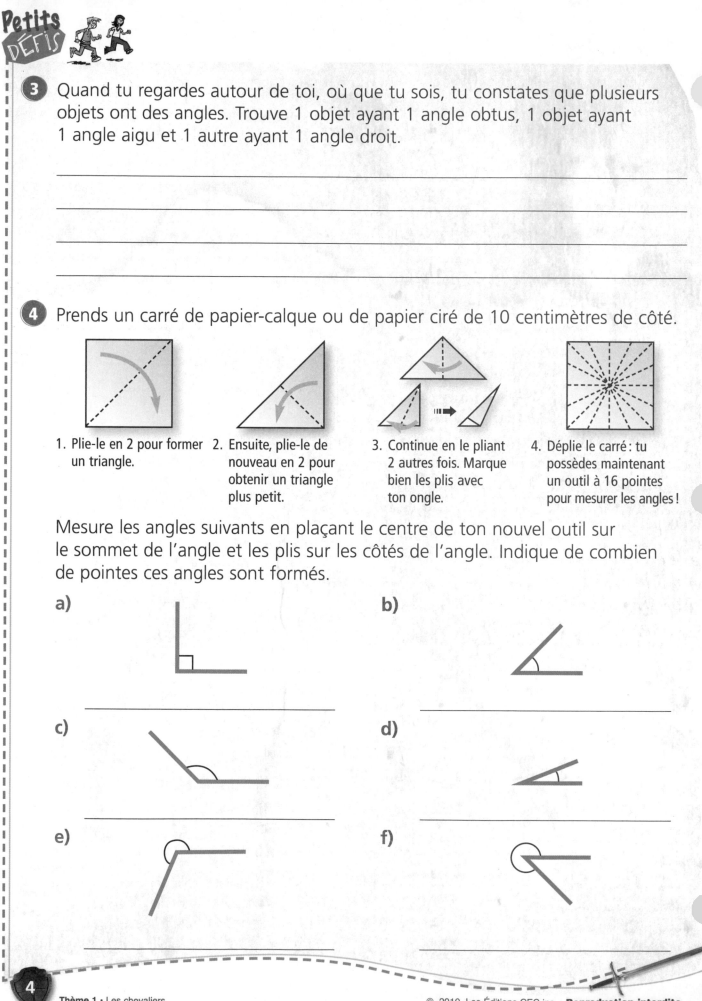

3 Quand tu regardes autour de toi, où que tu sois, tu constates que plusieurs objets ont des angles. Trouve 1 objet ayant 1 angle obtus, 1 objet ayant 1 angle aigu et 1 autre ayant 1 angle droit.

_____

_____

_____

_____

4 Prends un carré de papier-calque ou de papier ciré de 10 centimètres de côté.

1. Plie-le en 2 pour former un triangle.

2. Ensuite, plie-le de nouveau en 2 pour obtenir un triangle plus petit.

3. Continue en le pliant 2 autres fois. Marque bien les plis avec ton ongle.

4. Déplie le carré : tu possèdes maintenant un outil à 16 pointes pour mesurer les angles !

Mesure les angles suivants en plaçant le centre de ton nouvel outil sur le sommet de l'angle et les plis sur les côtés de l'angle. Indique de combien de pointes ces angles sont formés.

a)

_____

b)

_____

c)

_____

d)

_____

e)

_____

f)

_____

Recevoir tous ces chevaliers à un tournoi exige de l'ordre et de la méthode. Zachary et Rachel observent le personnel du château qui termine les derniers préparatifs.

SAVAIS-TU QUE...

Parmi les contes les plus connus provenant du Moyen Âge, on trouve *La légende du roi Arthur*. On y raconte les aventures des chevaliers de la Table ronde, du roi Arthur et de son épée Fxcalibur.

Les fractions

La **fraction** est un nombre qui désigne une partie d'un tout. Elle est constituée d'un numérateur et d'un dénominateur.

Exemple :

Fraction —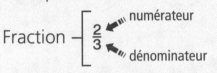

Le **numérateur** indique le nombre de parties équivalentes considérées.

Le **dénominateur** indique le nombre de parties équivalentes qui forment le tout.

Dans $\frac{2}{3}$, cela indique que tu prends 2 parties sur un total (ou un tout) de 3.

Exemple :

- Tu as mangé $\frac{1}{3}$ d'une tablette de chocolat.

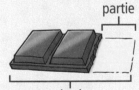

Tu as donc mangé 1 morceau sur un total de 3 morceaux.

- La fraction peut aussi représenter une partie d'une collection. Tu as utilisé $\frac{2}{3}$ de ces pommes pour faire une tarte.

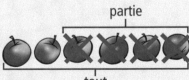

Pour connaître le nombre de pommes utilisées, tu dois savoir qu'à chaque fois que tu comptes 3 pommes, tu en utilises 2. Comme tu as 6 pommes, tu as utilisé 4 pommes pour faire une tarte.

SOUVIENS-toi QUE...

Des parties équivalentes sont des parties ayant la même valeur.
Une collection est un ensemble d'éléments ayant les mêmes caractéristiques.

1 Associe la fraction à la bonne illustration dans les exemples suivants.

a) $\frac{2}{3}$ •

•

b) Un quart •

•

c) $\frac{7}{12}$ •

•

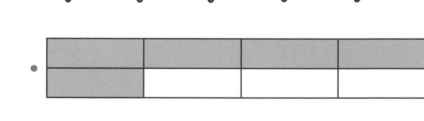

d) Trois cinquièmes •

•

e) $\frac{5}{8}$ •

•

f) $\frac{1}{6}$ •

•

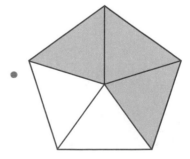

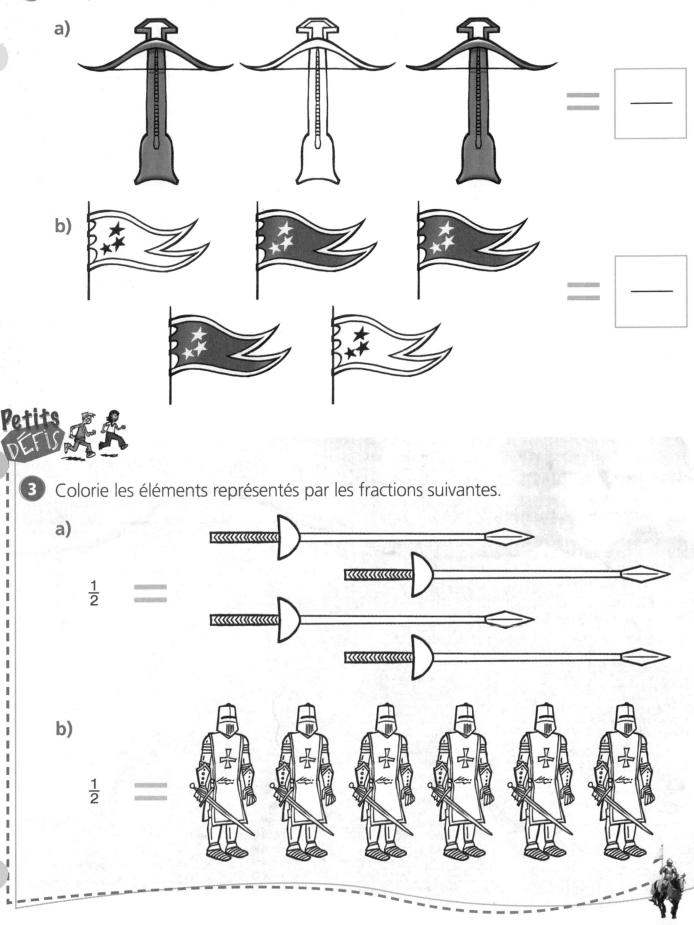

2 Indique la fraction représentée par les éléments coloriés.

a)

$= \boxed{}$

b)

$= \boxed{}$

Petits DÉFIS

3 Colorie les éléments représentés par les fractions suivantes.

a)

$\frac{1}{2} =$

b)

$\frac{1}{2} =$

4 Zachary et Rachel sont au marché. Un paysan y vend des légumes. Son étalage comprend 14 sacs de carottes, 12 minots de pommes, 10 kilogrammes de haricots et 8 paniers de tomates.

a) Le cuisinier du roi achète $\frac{2}{7}$ des sacs de carottes et $\frac{1}{2}$ de l'ensemble des haricots. Combien de sacs de carottes et quelle quantité de haricots (en kilogrammes) a-t-il achetés ?

Comprendre		Résoudre
Ce que je sais	Ce que je cherche	Ce que je fais
		As-tu vérifié ta démarche ?

Réponse complète : _____

_____

b) Rachel achète 2 paniers de tomates. Quelle fraction des paniers de tomates a-t-elle achetée ?

Comprendre		Résoudre
Ce que je sais	Ce que je cherche	Ce que je fais
		As-tu vérifié ta démarche ?

Réponse complète : _____

_____

c) Zachary a besoin de 3 minots de pommes pour en faire des cibles pour l'épreuve de tir à l'arc. Rachel lui suggère d'acheter $\frac{1}{4}$ des minots du paysan. Zachary pense qu'il n'en aura pas assez. Il veut acheter $\frac{3}{12}$ des minots. Qui a raison ?

Trace de ma démarche

Réponse complète : _____

_____

5 Zachary a 15 flèches dans son carquois. Il sait qu'il en utilisera les $\frac{3}{5}$ à l'une des épreuves de tir à l'arc. Rachel doit utiliser le même nombre de flèches, mais elle s'aperçoit qu'il en manque 1 dans son carquois. Combien de flèches a-t-elle dans son carquois ?

Comprendre		Résoudre
Ce que je sais	Ce que je cherche	Ce que je fais
		As-tu vérifié ta démarche ?

Réponse complète : _____

6 Pour encourager les chevaliers, les spectateurs brandissent des banderoles dont $\frac{1}{2}$ est coloriée et $\frac{1}{2}$ est blanche. Encercle les banderoles qui respectent ces consignes.

a)

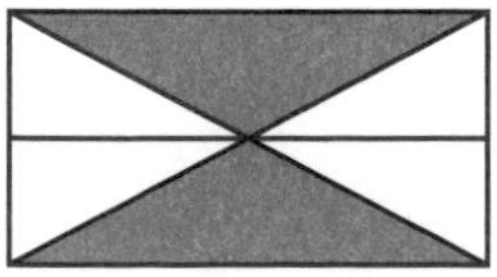

b)

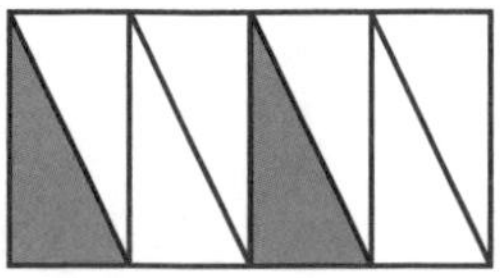

c)

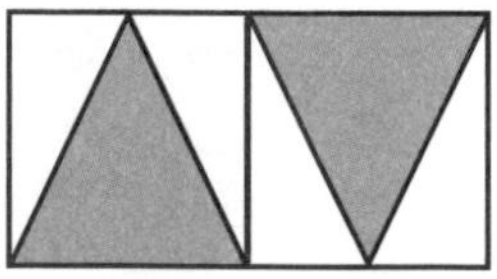

d)

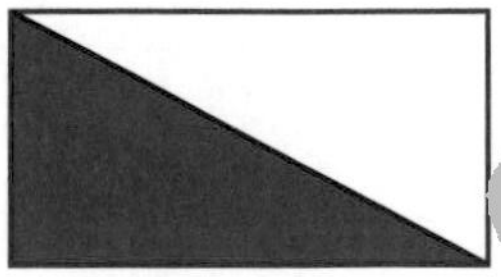

7 Pour accueillir les chevaliers qui participent au tournoi, le roi fait placer 12 gardes à différents endroits. La $\frac{1}{2}$ des gardes sont à l'orée de la forêt, $\frac{1}{3}$ des gardes sont près de l'étang et les autres sont dans la cour où a lieu le tournoi. Combien de gardes se trouvent à chaque endroit ?

Comprendre		Résoudre
Ce que je sais	Ce que je cherche	Ce que je fais
		As-tu vérifié ta démarche ?

Réponse complète :

Il y a _____ gardes à l'orée de la forêt.

Il y a _____ gardes près de l'étang.

Il y a _____ gardes dans la cour du tournoi.

Zachary et Rachel remarquent qu'il y a un grand nombre de chevaliers à loger et à nourrir. Cela va demander beaucoup de planification.

Les facteurs et les diviseurs d'un nombre

- Chaque élément intervenant dans une multiplication est un **facteur**.

  Exemple :

  24 = 1 × 24, 1 et 24 sont des facteurs.   24 = 6 × 4, 6 et 4 sont des facteurs.

  24 = 2 × 12, 2 et 12 sont des facteurs.   24 = 8 × 3, 8 et 3 sont des facteurs.

  24 = 3 × 8, 3 et 8 sont des facteurs.   24 = 12 × 2, 12 et 2 sont des facteurs.

  24 = 4 × 6, 4 et 6 sont des facteurs.   24 = 24 × 1, 24 et 1 sont des facteurs.

  Comme la division est l'opération inverse de la multiplication, ces 2 opérations sont liées.

- Un **diviseur** d'un nombre est un nombre qui divise ce nombre sans reste.

  Exemple :   24 ÷ 3 = 8   24 ÷ 8 = 3

  24 ÷ 1 = 24   24 ÷ 4 = 6   24 ÷ 12 = 2

  24 ÷ 2 = 12   24 ÷ 6 = 4   24 ÷ 24 = 1

Les diviseurs de 24 sont : 1, 2, 3, 4, 6, 8, 12, et 24.

On écrit : Div (24) = {1, 2, 3, 4, 6, 8, 12, 24}

Les accolades { } sont un symbole de groupements d'objets ou de nombres ayant une propriété ou une caractéristique définie.

Pour ne pas oublier de diviseurs, utilise la technique de l'arc-en-ciel.

{1, 2, 3, 4, 6, 8, 12, 24}

SOUVIENS-toi QUE...

Un nombre se divise toujours par 1 et par lui-même.

Exemple : div (24) = {1, 2, 3, 4, 6, 8, 12, 24}

1 Pour loger les 48 chevaliers invités, on doit installer le même nombre de lits dans chaque salle. Si chaque chevalier a son propre lit, indique le nombre de lits dans chaque salle si on a :

a) 4 salles

Espace pour ton calcul :

b) 6 salles

Espace pour ton calcul :

c) 8 salles

Espace pour ton calcul :

d) 3 salles

Espace pour ton calcul :

2 Si chaque chevalier veut avoir sa salle privée, combien de salles seront nécessaires pour loger tous les chevaliers ?

Espace pour ton calcul :

3 Si le château ne dispose que de 5 salles, peut-on mettre un nombre égal de lits dans chaque salle pour loger les 48 chevaliers ? Explique ta réponse.

_____

_____

4 Quelle consigne doit-on donner pour loger tous les chevaliers et pour qu'il y ait un nombre égal de lits dans chaque salle ?

_____

_____

5 Trouve les diviseurs des nombres suivants.

a) Div (12) = { _____ }

b) Div (5) = { _____ }

c) Div (2) = { _____ }

d) Div (27) = { _____ }

e) Div (13) = { _____ }

f) Div (7) = { _____ }

g) Div (29) = { _____ }

h) Div (36) = { _____ }

i) Div (72) = { _____ }

j) Div (48) = { _____ }

6 Que remarques-tu au sujet des diviseurs de 5, 2, 13, 7 et 29 ?

_____

Entre les épreuves du tournoi, Rachel et Zachary s'amusent à représenter les groupes d'invités par des carrés de papier. Ils essaient de trouver différentes façons de les placer pour former des carrés ou des rectangles.

Les nombres premiers, les nombres composés et les nombres carrés

- Un **nombre premier** est un nombre qui a 2 diviseurs distincts : 1 et lui-même.

  Exemple : 2, 3, et 5 sont des nombres premiers. On les représente par le produit de leurs 2 seuls facteurs.

  2 : 1 $\boxed{}$ 1 × 2   3 : 1 $\boxed{}$ 1 × 3   5 : 1 $\boxed{}$ 1 × 5

- Un **nombre composé** est un nombre supérieur à 1 qui a plus de 2 diviseurs distincts.

  Exemple : 6 et 8 sont des nombres composés.
  On les représente par le produit de 2 de leurs facteurs.

  6 : 2 $\boxed{}$ 2 × 3   8 : 2 $\boxed{}$ 2 × 4

- Un **nombre carré** peut, comme son nom l'indique, être représenté par un carré.

  Exemple : 1, 4, 9 et 16 sont des nombres carrés. On dit que ce sont les carrés de 1, de 2, de 3 et de 4. On les représente par le produit d'un nombre par lui-même.

  1 : 1 $\boxed{}$ 1 × 1   4 : 2 $\boxed{}$ 2 × 2   9 : 3 $\boxed{}$ 3 × 3   16 : 4 $\boxed{}$ 4 × 4

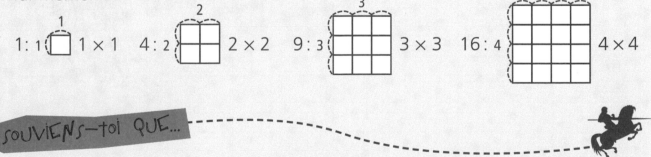

SOUVIENS-toi QUE...

Contrairement aux nombres premiers, les nombres composés peuvent être représentés par des rectangles ou par des carrés d'au moins 2 unités de haut.

1. Représente les nombres d'invités suivants en coloriant les carrés.

a) 12

b) 15

c) 13

d) 36

e) 11

2 Peux-tu représenter tous les nombres d'invités de la question 1 par des rectangles ou des carrés d'au moins 2 unités de haut ? Sinon, lequel ou lesquels sont des nombres premiers ?

_____

3 Rachel affirme que 1 est un nombre premier, mais Zachary croit que ce n'est pas le cas. Qui a raison ? Explique pourquoi.

_____

_____

4 Le menuisier du château doit disposer 36 tuiles de céramique au centre de la grande table de la salle à manger. Le Sieur du Carré exige que la disposition de ces tuiles ne représente que des nombres carrés. Dessine toutes les combinaisons possibles en utilisant toutes les tuiles.

Comprendre	
Ce que je sais	Ce que je cherche

Résoudre
Ce que je fais

As-tu vérifié ta démarche ?

Réponse complète : _____

_____

Thème 1 • Les chevaliers

Situation-problème

Faisons ripaille !

Pour recevoir dignement ses 48 invités et les 12 membres de sa famille, le roi a commandé un repas gargantuesque à son cuisinier. Ce dernier a cuit 12 immenses tourtes aux légumes, une bonne quantité de pommes de terre et des poulets. On veut servir $\frac{1}{2}$ poulet et 2 pommes de terre à chaque personne.

Tu dois aider les serviteurs du roi à asseoir les invités et les membres de la famille royale. Tu dois aussi les aider à distribuer la nourriture en respectant les consignes suivantes :

- Chaque table doit compter le même nombre de personnes.
- On peut installer de 4 à 12 tables dans la salle.

– Indique la fraction de tourte, le nombre de poulets et de pommes de terre qu'il serait possible de servir à chaque table.

Comprendre	
Ce que je sais	Ce que je cherche

Faisons ripaille !

Démarche

As-tu vérifié ta démarche ?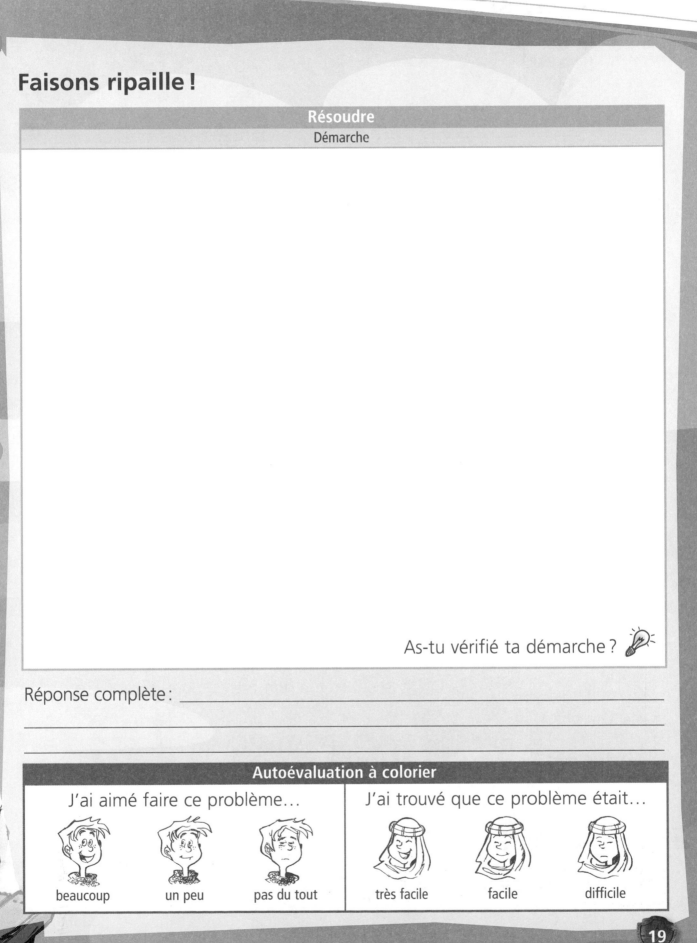

Réponse complète : _____

_____

Autoévaluation à colorier

J'ai aimé faire ce problème…

beaucoup   un peu   pas du tout

J'ai trouvé que ce problème était…

très facile   facile   difficile

Pour que les gardes se placent là où le roi le désire, le capitaine des gardes reçoit un plan.

Les plans

Un plan permet de déterminer l'endroit où est situé un lieu, un objet, un point ou une personne. Voici le plan reçu par le capitaine des gardes.

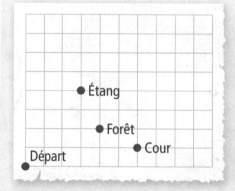

À partir du départ, pour se rendre à la forêt :
→ → → → ↑ ↑

À partir du départ, pour se rendre à l'étang :
→ → → ↑ ↑ ↑ ↑

À partir du départ, pour se rendre à la cour :
→ → → → → → ↑

Pour faciliter la lecture, au lieu des flèches, on utilise souvent le **plan cartésien**.

Il est formé de 2 axes :

- l'axe des « x », qui est l'axe horizontal →
- l'axe des « y », qui est l'axe vertical ↑

Exemple :

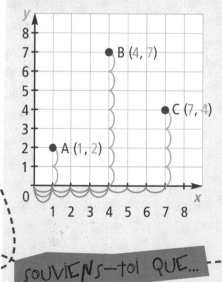

Chaque point est représenté par un couple de nombres : ce sont les **coordonnées** (x, y) du point. On sépare les nombres du couple par une virgule.

On lit le premier nombre du couple sur l'axe horizontal. ⌣

On lit le deuxième nombre du couple sur l'axe vertical. ⌡

Les coordonnées du point A sont : (1, 2).

Les coordonnées du point B sont : (4, 7).

Les coordonnées du point C sont : (7, 4).

SOUVIENS-toi QUE...

Un couple de nombres est une paire ordonnée de nombres.

1 Pour que les chevaliers se rendent au bon endroit, indique-leur les coordonnées de l'endroit où se déroulent les 4 épreuves.

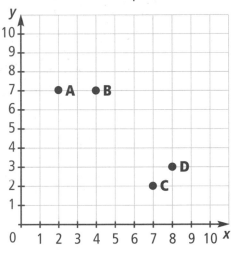

a) Agilité à l'épée : B (_____)

b) Tir à l'arc : A (_____)

c) Combat à l'épée : D (_____)

d) Tir à l'arbalète : C (_____)

2 Place les points et relie-les dans l'ordre alphabétique pour trouver le lieu du tournoi.

A	(2, 2)	G	(4, 5)	M	(7, 6)	S	(10, 5)	Y	(13, 8)
B	(2, 8)	H	(5, 5)	N	(8, 6)	T	(11, 5)	Z	(13, 2)
C	(1, 8)	I	(5, 6)	O	(8, 5)	U	(11, 8)		
D	(3, 10)	J	(6, 6)	P	(9, 5)	V	(10, 8)		
E	(5, 8)	K	(6, 5)	Q	(9, 6)	W	(12, 10)		
F	(4, 8)	L	(7, 5)	R	(10, 6)	X	(14, 8)		

Pour le tournoi, tout le château sera pavoisé.
Le roi désire des drapeaux en forme de trapèzes.
Zachary et Rachel se demandent bien de quoi
auront l'air toutes ces décorations.

SAVAIS-TU QUE...

« Pavoiser » signifie décorer un lieu de drapeaux.

Le mot « polygone » vient du grec et signifie « nombreux angles ».
Des côtés « congruents » sont des côtés ayant la même mesure.

Les quadrilatères

Ce sont des polygones à 4 côtés. Comme tu l'as déjà vu, un polygone
est une figure plane fermée formée de segments de droite appelés « côtés
du polygone ». La rencontre de 2 côtés détermine un sommet du polygone.
Voici les caractéristiques de certains quadrilatères.

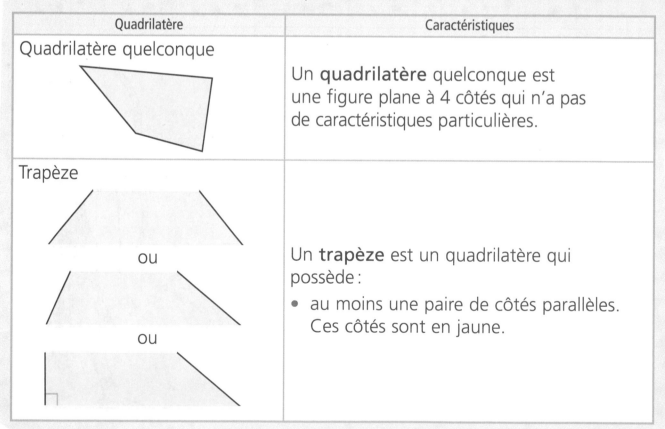

Quadrilatère	Caractéristiques
Quadrilatère quelconque	Un **quadrilatère** quelconque est une figure plane à 4 côtés qui n'a pas de caractéristiques particulières.
Trapèze ou ou	Un **trapèze** est un quadrilatère qui possède : • au moins une paire de côtés parallèles. Ces côtés sont en jaune.

Quadrilatère	Caractéristiques
Parallélogramme	Un **parallélogramme** est un quadrilatère qui possède : <ul><li>2 paires de côtés parallèles (en jaune et en bleu). Ces côtés parallèles sont congruents 2 à 2.</li><li>2 paires d'angles opposés ayant la même mesure (en vert et en bleu).</li></ul>
Rectangle	Un **rectangle** est un quadrilatère qui possède : <ul><li>2 paires de côtés parallèles (en jaune et en bleu). Ces côtés parallèles sont congruents 2 à 2.</li><li>4 angles droits (90°).</li></ul>
Losange	Un **losange** est un quadrilatère qui possède : <ul><li>2 paires de côtés parallèles (en jaune et en bleu).</li><li>4 côtés de la même mesure.</li><li>2 paires d'angles opposés ayant la même mesure (en vert et en bleu).</li></ul>
Carré	Un **carré** est un quadrilatère qui possède : <ul><li>2 paires de côtés parallèles (en jaune et en bleu).</li><li>4 côtés de la même mesure.</li><li>4 angles droits (90°).</li></ul>

SOUVIENS-TOI QUE...

- 2 lignes sont parallèles (//) si :
  - elles ne se rencontrent jamais, même si on les prolonge à l'infini.
  - elles sont disjointes, c'est-à-dire qu'elles sont séparées l'une de l'autre.
- 2 lignes sont perpendiculaires (⊥) si elles forment un angle droit (90°).
- Tu as vu les symboles utilisés pour marquer les angles à l'unité 1.1.

1 Place les lettres qui représentent les quadrilatères suivants au bon endroit dans le diagramme.

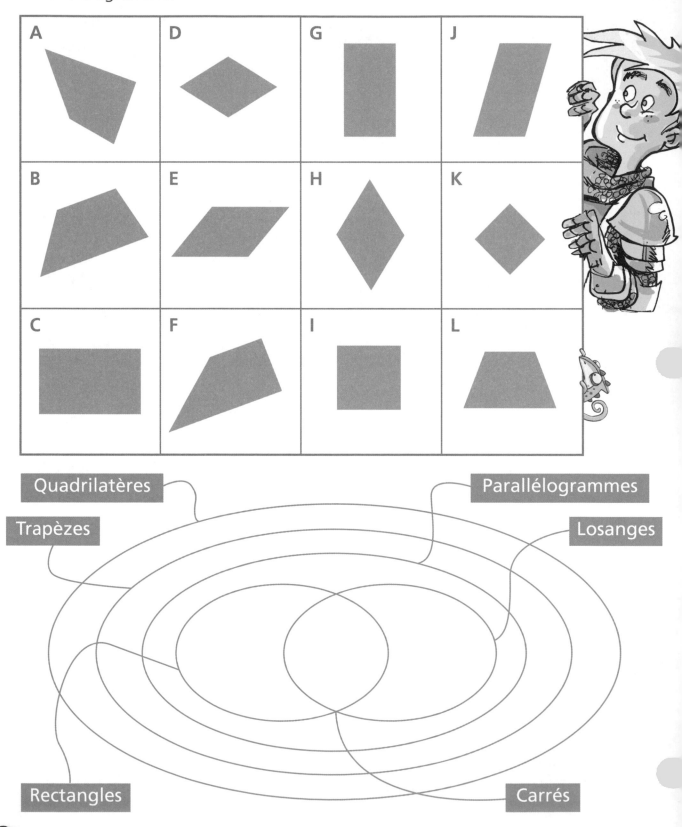

2 Zachary veut décorer le pont-levis avec 1 losange, 1 parallélogramme et 1 carré. Dessine-les pour lui. N'oublie pas d'utiliser ta règle !

a) Losange   **b)** Parallélogramme   **c)** Carré

3 Rachel préfère décorer la cour du tournoi avec des drapeaux en forme de trapèze et de rectangle. Dessine-les pour elle. N'oublie pas d'utiliser ta règle !

a) Trapèze   **b)** Rectangle

4 Les carrés sont des rectangles, mais les rectangles ne sont pas des carrés. Explique pourquoi.

_____

_____

_____

_____

5 Les parallélogrammes, les rectangles, les carrés et les losanges sont aussi des trapèzes. Explique pourquoi.

_____

_____

_____

6 Les carrés sont des losanges, mais les losanges ne sont pas des carrés. Explique pourquoi.

_____

_____

_____

_____

_____

7 En attendant le début du tournoi, Rachel et Zachary jouent aux devinettes.

- Indique si les descriptions sont complètes.
- Si les descriptions ne sont pas complètes, ajoute ce qui manque.
- Écris le nom du quadrilatère.

a) Ce quadrilatère a 4 côtés congruents.

☐ Complet   ☐ Incomplet

Précision à ajouter : _____

_____

Nom : _____

b) Ce quadrilatère n'a pas 4 côtés congruents. Les côtés opposés de ce quadrilatère sont parallèles et congruents.

☐ Complet   ☐ Incomplet

Précision à ajouter : _____

_____

Nom : _____

c) Ce quadrilatère a une paire de côtés parallèles.

☐ Complet   ☐ Incomplet

Précision à ajouter : _____

_____

Nom : _____

Le roi est un amateur de sculpture. Il commande une œuvre à Alaric, le tailleur de pierre. Le roi désire qu'Alaric crée une pièce composée de plusieurs polyèdres. Rachel observe le tailleur de pierre qui passe en revue les formes qu'il pourra utiliser.

Les polyèdres

Un **polyèdre** est une figure à trois dimensions (un **solide**) limitée par des faces planes déterminées par des polygones.

Exemple :

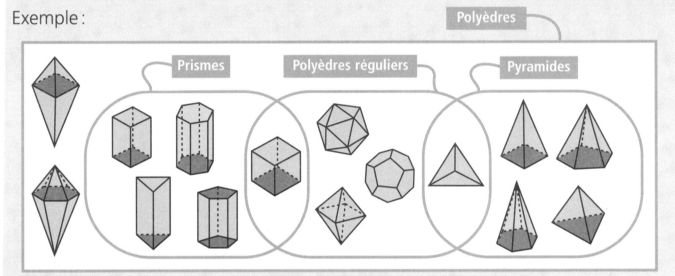

- Un **prisme** est un solide délimité par 2 polygones congruents formant deux plans parallèles. Les sommets correspondants de ces deux polygones sont reliés par des segments, formant ainsi des parallélogrammes.

- Une **pyramide** est un solide limité par une surface polygonale et formé d'autant de surfaces triangulaires que le polygone a de côtés.

- Un **polyèdre régulier** est un polyèdre dont toutes les faces sont délimitées par des polygones réguliers congruents. Un polygone est régulier si tous ses côtés et tous ses angles sont congruents.

SOUVIENS-TOI QUE...

Des figures sont **congruentes** si elles sont directement superposables : elles ont la même forme et les mêmes mesures.

- On appelle « **base** » la face sur laquelle repose la pyramide. Les bases d'un prisme sont les 2 faces parallèles et congruentes (de même mesure) qui donnent son nom au prisme.
- On appelle « **faces latérales** » les faces autres que les bases.
- On appelle « **arête** » l'intersection de 2 faces.
- On appelle « **sommet** » l'intersection de 2 arêtes.

Exemple :

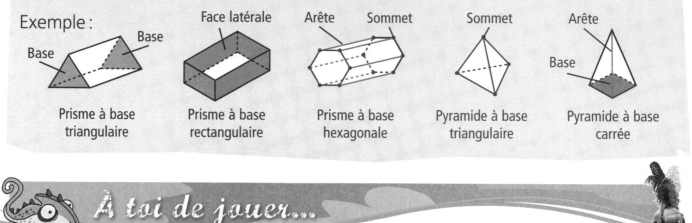

| Prisme à base triangulaire | Prisme à base rectangulaire | Prisme à base hexagonale | Pyramide à base triangulaire | Pyramide à base carrée |

À toi de jouer...

1 Voici quelques polyèdres qu'Alaric pourrait utiliser pour réaliser son œuvre. Remplis sa fiche d'aide-mémoire.

	Solide	Nombre de faces	Figures utilisées	Nombre d'arêtes	Nombre de sommets
a)					
b)					
c)					
d)					

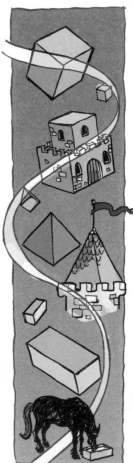

Solide	Nombre de faces	Figures utilisées	Nombre d'arêtes	Nombre de sommets
e)				
f)				

Grands
DÉFIS

2 Alaric, le tailleur de pierre, demande à Rachel de décrire les polyèdres qu'il dessine dans un carnet. Elle doit préciser leur nombre de faces, d'arêtes et de sommets, puis nommer les formes composant les bases et les faces latérales.

a)  _____

_____

_____

b) _____

_____

_____

c) _____

_____

_____

d) _____

_____

_____

Pour créer sa sculpture, Alaric veut utiliser 2 prismes à base triangulaire, 1 prisme à base carrée, 1 prisme à base rectangulaire, 1 pyramide à base triangulaire et 1 pyramide à base carrée. Il demande à Rachel de faire une maquette en papier. Pour l'aider, il dessine ce à quoi ressemblera son œuvre.

SAVAIS-TU QUE...

Une maquette est une représentation en 3 dimensions, le plus souvent en plus petit, d'une construction ou d'un objet quelconque.

Le développement d'un polyèdre

On peut représenter un polyèdre à plat, comme si on le dépliait, en montrant toutes les faces qui le composent. Ces faces doivent être reliées les unes aux autres par une arête. C'est ce qu'on appelle « **développement** ».

Exemple :

Solide	Développement	Figures utilisées
		6 carrés
		2 rectangles (bases) 4 rectangles (faces latérales)
		1 carré (base) 4 triangles (faces latérales)

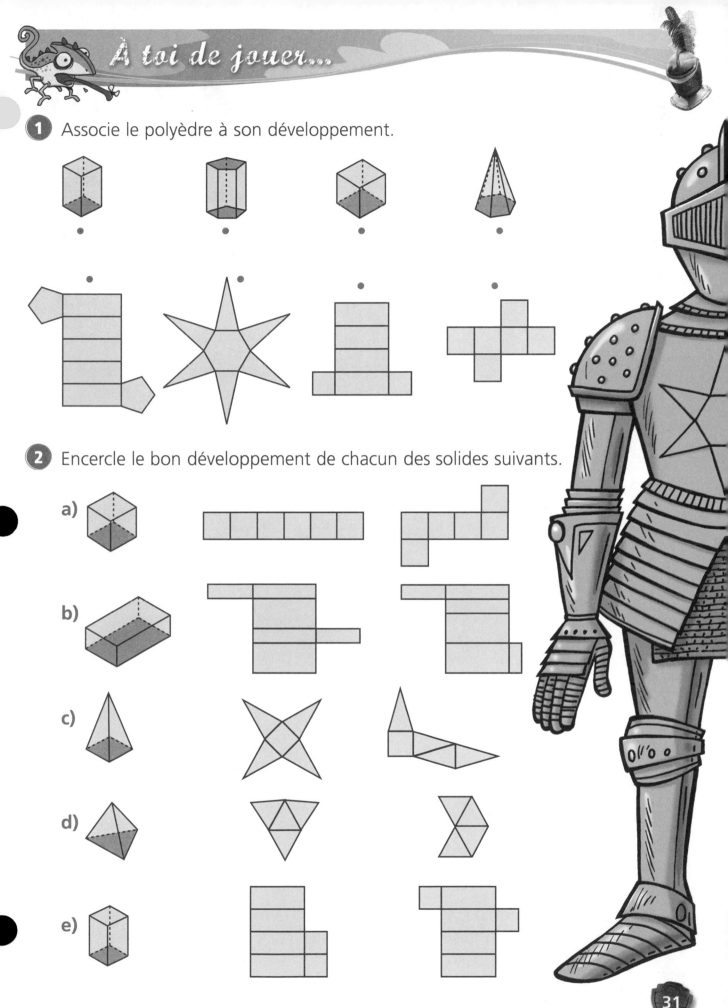

1 Associe le polyèdre à son développement.

2 Encercle le bon développement de chacun des solides suivants.

a)

b)

c)

d)

e)

3 Maintenant, tu peux aider Rachel à dessiner les développements dont elle a besoin pour fabriquer les solides composant la maquette. Rappelle-toi qu'elle a besoin de 2 prismes à base triangulaire, de 1 prisme à base rectangulaire, de 1 prisme à base carrée, de 1 pyramide à base triangulaire et de 1 pyramide à base carrée.

Quand tu auras terminé, tu pourras fabriquer la maquette. Demande à ton enseignante ou à ton enseignant de te donner les feuilles de développement de solides dont tu as besoin.

Au château, des artisans exposent leurs dernières œuvres. Plusieurs d'entre eux se rassemblent autour d'Ana, venue d'Allemagne, qui présente d'étonnantes décorations de boucliers. Rachel remarque qu'il n'y a que deux formes qui composent ces décorations. Zachary observe qu'il n'y a aucun espace entre ces formes.

SAVAIS-TU QUE...

L'artiste néerlandais Maurits Cornelis Escher est reconnu pour ses dallages spectaculaires. Si tu veux en savoir plus sur lui, consulte Internet. Tu y trouveras des exemples de ses œuvres.

Le dallage

Le **dallage** permet de recouvrir une surface plane de figures, identiques ou non. Il n'y a aucun espace entre les figures et elles ne se superposent pas, c'est-à-dire qu'elles ne sont pas placées l'une par-dessus l'autre.

Exemple :
Un dallage régulier formé de triangles équilatéraux

- Un dallage est régulier si :
  - il est composé d'une seule sorte de polygone ;
                    (et)
  - ce polygone est régulier (tous ses côtés ont la même mesure). Ce polygone peut être un triangle équilatéral, un carré ou un hexagone régulier.

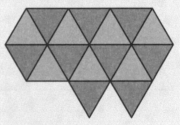

- Un dallage est non régulier si :
  - il est composé de plus d'une sorte de polygone ;
                    (ou)
  - il est composé d'une seule sorte de polygone dont les côtés n'ont pas la même mesure.

Exemple :
Un dallage non régulier formé de rectangles et de carrés

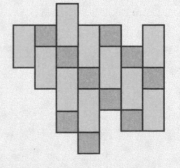

SOUVIENS-TOI QUE...

Une surface plane est une surface plate et sans courbure.

1 Indique si les dallages suivants sont réguliers ou non réguliers.
Explique ta réponse.

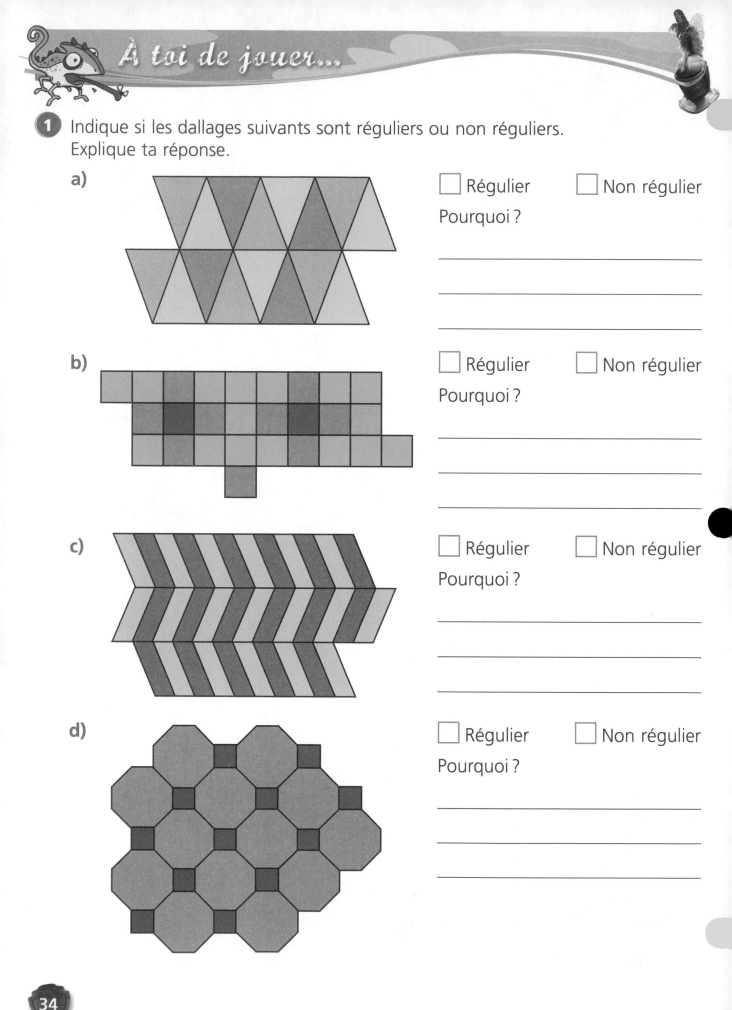

a)

☐ Régulier   ☐ Non régulier

Pourquoi ?

_____

_____

_____

b)

☐ Régulier   ☐ Non régulier

Pourquoi ?

_____

_____

_____

c)

☐ Régulier   ☐ Non régulier

Pourquoi ?

_____

_____

_____

d)

☐ Régulier   ☐ Non régulier

Pourquoi ?

_____

_____

_____

2 Zachary aimerait que le plancher de sa chambre soit recouvert d'un dallage. Il veut au moins 2 polygones différents et 2 couleurs différentes. Propose-lui ton dallage, que tu feras sur du papier à points. N'oublie pas d'utiliser ta règle !

Situation-problème

Un fanion à tes couleurs

Comme le roi insiste pour que toute la ville soit décorée pour le tournoi, tu dois avoir un fanion à tes couleurs. Dessine ton fanion dans un plan cartésien en respectant les consignes suivantes :

- Ton fanion est un quadrilatère ayant au moins un angle obtus.
- Donne les coordonnées des sommets.
- Décore ton fanion d'un dallage régulier.
- Utilise au moins 2 couleurs.

Comprendre	
Ce que je sais	Ce que je cherche

Un fanion à tes couleurs

As-tu vérifié ta démarche ?

Autoévaluation à colorier

J'ai aimé faire ce problème…

beaucoup   un peu   pas du tout

J'ai trouvé que ce problème était…

très facile   facile   difficile

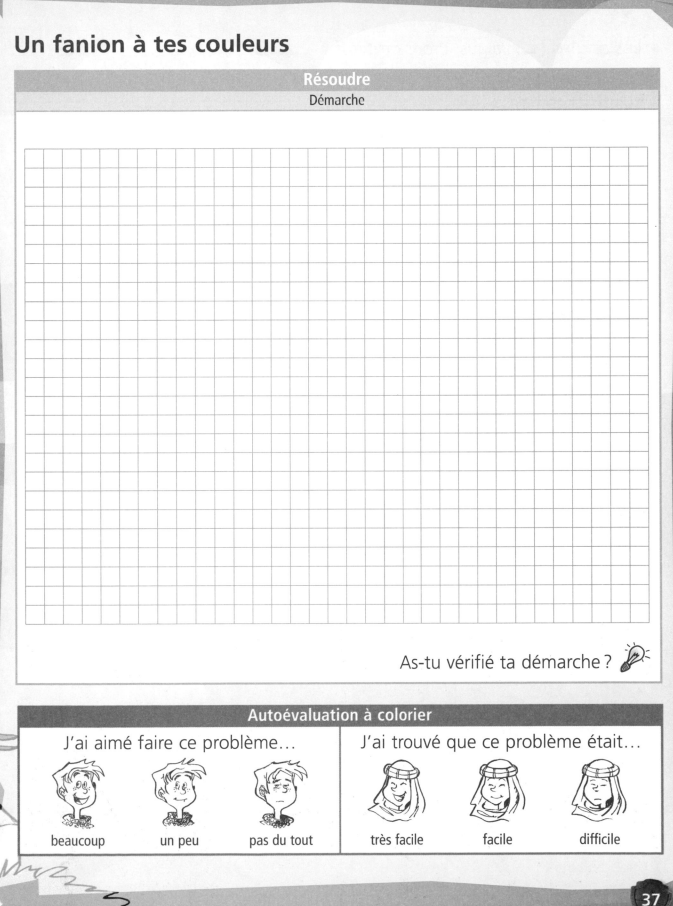

Situation-problème

- **Les angles ($\angle$) :** aigus, droits et obtus

- **Les fractions**
  Une fraction est une partie d'un tout

  ou

  une partie d'une collection.

  il reste $\frac{1}{4}$

  $\frac{1}{4}$ est colorié

- **Les facteurs d'un nombre**
  Chacun des termes intervenant dans une multiplication.

  $3 \times 4 = 12$

  facteurs

- **Le diviseur d'un nombre**
  Un nombre qui en divise un autre sans reste.

  $24 \div 8 = 4$

  diviseur

- **Un nombre premier**
  Un nombre qui n'a que 2 diviseurs distincts, 1 et lui-même.

  $3 \div 1 = 3$
  $3 \div 3 = 1$
  $3 = $

- **Un nombre composé**
  Un nombre supérieur à 1 et ayant plus de 2 diviseurs distincts.

  8 est un nombre composé car
  div (8) = {1, 2, 4, 8}
  $8 = $

- **Un nombre carré**
  Un nombre qui est le produit d'un nombre par lui-même.

  4 est un nombre carré car
  $4 = 2 \times 2$
  $4 = $

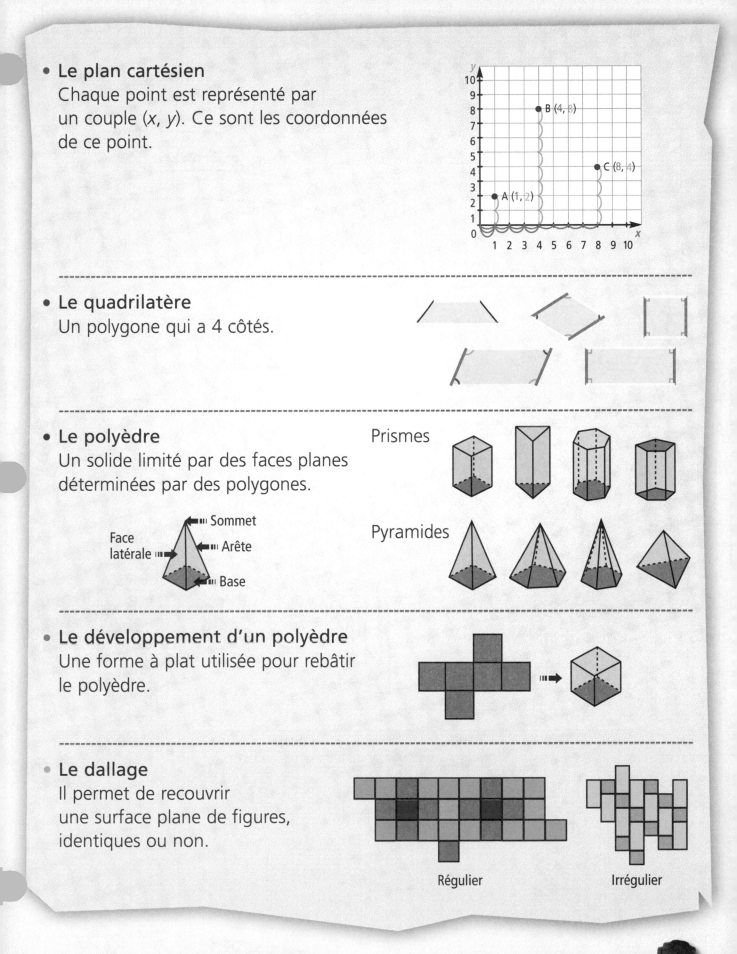

- ## Le plan cartésien
  Chaque point est représenté par
  un couple (x, y). Ce sont les coordonnées
  de ce point.

- ## Le quadrilatère
  Un polygone qui a 4 côtés.

- ## Le polyèdre
  Un solide limité par des faces planes
  déterminées par des polygones.

  Prismes

  Pyramides

  Sommet
  Face latérale
  Arête
  Base

- ## Le développement d'un polyèdre
  Une forme à plat utilisée pour rebâtir
  le polyèdre.

- ## Le dallage
  Il permet de recouvrir
  une surface plane de figures,
  identiques ou non.

  Régulier   Irrégulier

Thème

2

UN VOYAGE DANS LE TEMPS

« Zachary et Rachel ont découvert un étrange engin dans le grenier d'une maison abandonnée. Ils ont l'impression de se trouver devant une machine à voyager dans le temps. »

En riant, Zachary dit à Rachel qu'il serait intéressant de remonter le temps jusqu'à l'époque des pharaons d'Égypte. Il appuie alors sur un bouton. Une lumière vive illumine l'engin et un grand bruit étourdit nos amis. Lorsqu'ils ouvrent les yeux, un homme âgé avance vers eux. Il dit s'appeler Ératosthène.

SAVAIS-TU QUE...

Le mathématicien, astronome, philosophe et géographe grec Ératosthène a vécu dans la ville d'Alexandrie, en Égypte, au 3e siècle avant notre ère.

Un crible est une sorte de passoire, c'est-à-dire un récipient percé de trous. Il sert à séparer des solides de différentes grosseurs.

Le crible d'Ératosthène

Ératosthène a inventé un crible permettant de séparer les nombres premiers des nombres composés. Il permet de trouver les nombres premiers en procédant par élimination.

Comme tu l'as appris, un nombre premier n'a que 2 diviseurs distincts : 1 et lui-même. Pour trouver tous les nombres premiers inférieurs à 100 :

1. tu places les nombres de 2 à 100 sur une grille ;

2. tu encercles 2, qui est un nombre premier, puis tu fais un X sur tous les nombres qui sont des multiples de 2 ;

3. tu encercles 3, qui est le nombre premier suivant, puis tu fais un X sur tous les nombres qui sont des multiples de 3 ;

4. tu encercles 5, qui est le nombre premier suivant, puis tu fais un X sur tous les nombres qui sont des multiples de 5 ;

5. tu encercles 7, qui est le nombre premier suivant, puis tu fais un X sur tous les multiples de 7 ;

6. finalement, tu encercles les nombres qui ne sont pas déjà éliminés. Les nombres encerclés sont les nombres premiers inférieurs à 100.

On obtient les multiples d'un nombre en multipliant ce nombre par l'ensemble de tous les nombres naturels (incluant le 0).

Exemple :

Le nombre		Les nombres naturels		Les multiples
5	×	0	=	0
5	×	1	=	5
5	×	2	=	10
5	×	3	=	15
5	×	4	=	20
5	×	5	=	25
5	×	6	=	30

et ainsi de suite.

À TOI DE JOUER...

1 Je fais partie de l'ensemble des nombres naturels. Je ne suis ni un nombre premier, ni un nombre composé.

Qui suis-je ? _____

2 Je suis le seul nombre pair qui est aussi premier.

Qui suis-je ? _____

3 Puisque 2 et 3 sont des nombres premiers, pourquoi 2 × 3 ne donne-t-il pas un nombre premier ?

_____

_____

4 Ératosthène remet une grille de nombres à Zachary et à Rachel. Il a déjà éliminé 3 multiples de 2. Aide nos amis à trouver les nombres premiers jusqu'à 100.

- Encercle le 2 et fais un X sur tous les multiples de 2.

  Ce sont les nombres pairs.

- Encercle le 3 et fais un X sur tous les multiples de 3.

  Souviens-toi de tes tables de multiplication ou fais des bonds de 3.

- Encercle le 5 et fais un X sur tous les multiples de 5.

  Ces nombres se terminent par 0 ou par 5.

- Encercle le 7 et fais un X sur tous les multiples de 7.

  Souviens-toi de tes tables de multiplication ou fais des bonds de 7.

- Encercle les nombres qui restent : ce sont les nombres premiers inférieurs à 100.

- Écris les nombres premiers inférieurs à 100 par ordre croissant sous le crible d'Ératosthène.

2	3	⨉	5	⨉	7	⨉	9	10
11	12	13	14	15	16	17	18	19	20
21	22	23	24	25	26	27	28	29	30
31	32	33	34	35	36	37	38	39	40
41	42	43	44	45	46	47	48	49	50
51	52	53	54	55	56	57	58	59	60
61	62	63	64	65	66	67	68	69	70
71	72	73	74	75	76	77	78	79	80
81	82	83	84	85	86	87	88	89	90
91	92	93	94	95	96	97	98	99	100

Les nombres premiers inférieurs à 100 sont :

_____

_____

Ératosthène explique à Rachel qu'on peut décomposer tous les nombres composés en produit de facteurs premiers. Zachary se demande si cela est possible.

La décomposition d'un nombre en facteurs premiers (l'arbre des facteurs premiers)

On peut décomposer un nombre composé en le représentant sous la forme du produit de ses facteurs premiers. Pour mieux voir la décomposition, on place les facteurs dans un arbre des facteurs.

L'arbre des facteurs premiers de 12	
1re étape : Trouve 2 facteurs de 12. • Choisis 2 nombres qui, lorsqu'ils sont multipliés, donnent 12 (ce sont 2 facteurs de 12). • Trace les branches qui relient le nombre 12 aux facteurs choisis.	12 3 × 4
2e étape : Trouve les facteurs des nombres qui suivent. • Tu sais que 3 est un nombre premier. Donc, tu le laisses tel quel. • Trouve les facteurs de 4, trace les 2 branches et écris 2 × 2.	12 3 × 4 2 × 2
L'arbre des facteurs premiers de 12 (suite)	
3e étape : Écris le résultat de la décomposition en produit de facteurs premiers. • Encercle les nombres premiers et reporte-les sous l'arbre des facteurs. • On a donc la décomposition de 12 en produit de facteurs premiers. Les nombres 2 et 3 sont des nombres premiers, donc : 2 × 2 × 3 est le produit des facteurs premiers de 12.	12 ③ × 4 ② × ② 3 × 2 × 2 = 12

- Les facteurs sont chacun des éléments qui interviennent dans une multiplication.

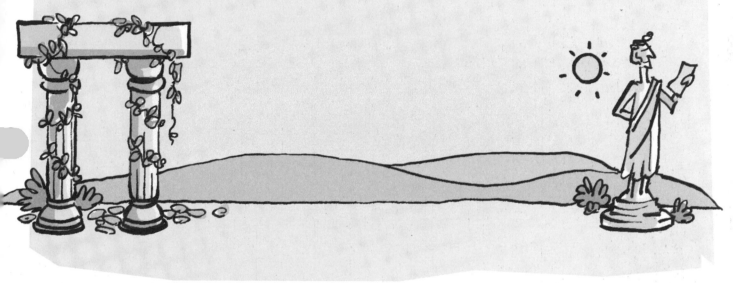

*Un **produit** est :*

- Le résultat d'une multiplication.

  Exemple : 8 × 4 = 32

  Facteur   Facteur   Produit

- Les nombres premiers s'appellent « premiers » car ils peuvent « donner naissance » à tous les autres nombres naturels. Tous les nombres naturels composés peuvent être considérés comme des produits de facteurs premiers.

À TOI DE JOUER...

1 Ceci n'est pas un produit de facteurs premiers : 2 × 3 × 6 = 36.

   a) Pourquoi ?

   _____

   b) Comment le transformer pour qu'il devienne un produit de facteurs premiers ?

   _____

2 Complète les arbres des facteurs premiers suivants.

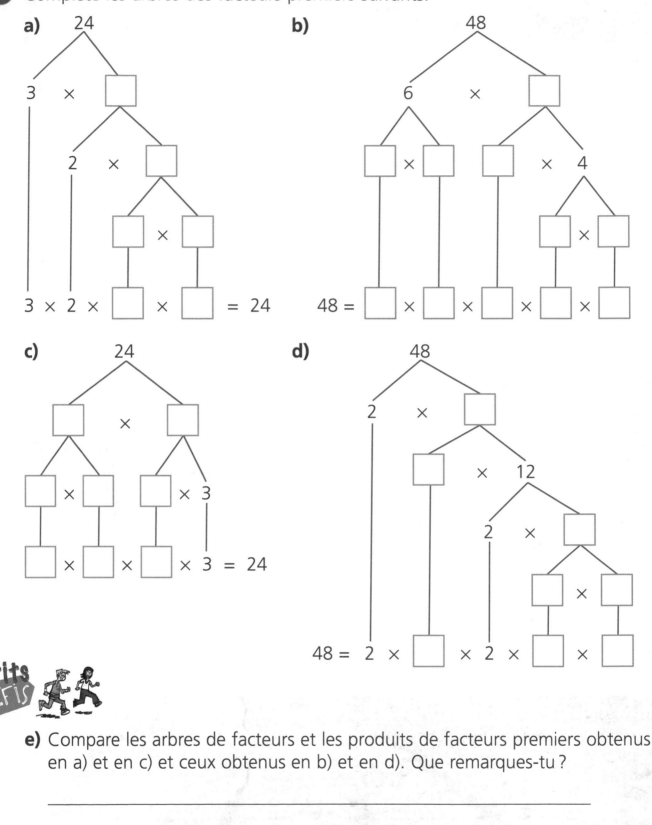

a) 24

3 × ☐

2 × ☐

☐ × ☐

3 × 2 × ☐ × ☐ = 24

b) 48

6 × ☐

☐ × ☐   ☐ × 4

☐ × ☐

48 = ☐ × ☐ × ☐ × ☐ × ☐

c) 24

☐ × ☐

☐ × ☐   ☐ × 3

☐ × ☐ × ☐ × 3 = 24

d) 48

2 × ☐

☐ × 12

2 × ☐

☐ × ☐

48 = 2 × ☐ × 2 × ☐ × ☐

Petits DÉFIS

e) Compare les arbres de facteurs et les produits de facteurs premiers obtenus en a) et en c) et ceux obtenus en b) et en d). Que remarques-tu ?

_____

_____

_____

3 Décompose les nombres suivants en facteurs premiers en traçant les arbres des facteurs premiers.

a) 36

b) 81

c) 54

d) 100

Petits DÉFIS

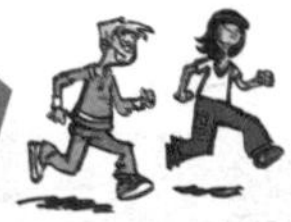

4 Peux-tu décomposer le nombre 13 en un produit de facteurs premiers ? Pourquoi ?

____

____

Après un court voyage, Zachary et Rachel arrivent dans la ville de Syracuse. Ils croisent un homme âgé qui court dans la rue en criant: « *Eurêka !* ». Un passant dit à Rachel qu'il s'agit du scientifique Archimède.

SAVAIS-TU QUE...

Archimède est considéré comme l'un des plus grands mathématiciens de tous les temps. Il a vécu au 3e siècle avant notre ère, à Syracuse (Grande Grèce). On lui devrait la célèbre expression grecque « Eurêka ! », qui signifie « J'ai trouvé ! ».

Les mesures de capacité

La **capacité** est la mesure de contenance d'un récipient. C'est donc la quantité, en général de liquide, que peut contenir un récipient.

On utilise souvent les litres, dont le symbole est « L », et les millilitres, dont le symbole est « mL », pour mesurer la capacité d'un récipient.

- 1 litre = 1000 millilitres (1 L = 1000 mL)

- 1 millilitre = $\frac{1}{1000}$ litre (1 mL = $\frac{1}{1000}$ L)

Un carton de lait contient 1 L ou 2 L.

Une baignoire contient de 150 L à 200 L d'eau.

On a besoin d'environ 20 gouttes d'eau pour faire 1 mL.

Un berlingot de lait contient 150 mL.

1 Indique si tu utiliserais les litres ou les millilitres comme unité de mesure :

a) la capacité d'un réservoir d'essence : _____ ;

b) la quantité de lait à ajouter dans une recette de gâteau : _____ ;

c) la quantité d'eau nécessaire pour remplir une piscine : _____ ;

d) la capacité d'un compte-gouttes : _____ .

2 Archimède lave son chien Néo. Au départ, la baignoire contient 192 L d'eau. Après le bain de Néo, il n'en reste plus que 148 L. Quelle quantité d'eau a débordé de la baignoire ?

Comprendre		Résoudre
Ce que je sais	Ce que je cherche	Ce que je fais
		As-tu vérifié ta démarche ?

Réponse complète : _____

3 À l'époque d'Archimède, il fallait se rendre au puits pour remplir des seaux d'eau. Si chaque seau peut contenir 9 litres d'eau et qu'on transporte un seau par voyage, combien de voyages seront nécessaires pour remplir la baignoire, qui contient 192 litres ?

Comprendre		Résoudre
Ce que je sais	Ce que je cherche	Ce que je fais
		As-tu vérifié ta démarche ?

Réponse complète : _____

4 Zachary doit verser 1 litre d'eau dans un seau, mais il n'a qu'un récipient de 150 mL, un de 400 mL et un de 50 mL. Comment s'y prendra-t-il ?

Comprendre		Résoudre
Ce que je sais	Ce que je cherche	Ce que je fais
		As-tu vérifié ta démarche ?

Réponse complète : _____

_____

Un voyage dans le temps pour rencontrer de grands scientifiques serait incomplet sans une rencontre avec Léonard de Vinci. Rachel et Zachary se retrouvent donc en Italie, à la fin du 15e siècle.

SAVAIS-TU QUE...

Léonard de Vinci est considéré comme un génie universel : il était artiste, scientifique, ingénieur, inventeur, anatomiste, peintre, sculpteur, urbaniste, botaniste, musicien, poète, philosophe et écrivain.

La réflexion

Une **réflexion** est une transformation géométrique qui ne change ni la forme ni les dimensions d'une figure. C'est un type de symétrie par rapport à un axe de réflexion ou un axe de symétrie perpendiculaire à une direction donnée. On obtient une image miroir de la figure de départ. Le symbole de la réflexion est « s ».

On peut dessiner l'image miroir d'une figure initiale :

• à l'aide d'un miroir de symétrie.

  On place le miroir sur l'axe de symétrie, on regarde dans le miroir pour voir la réflexion de la figure initiale et on trace la figure réfléchie de l'autre côté du miroir.

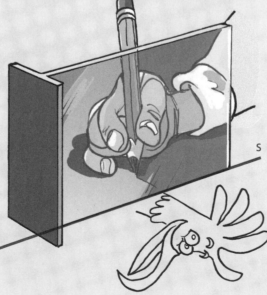

- à l'aide de papier-calque.

1. On place le papier-calque sur la figure initiale.

2. On trace le dessin par transparence.

3. On retourne le papier-calque et on obtient l'image.

4. On place l'image de l'autre côté de l'axe de symétrie, à la même distance de l'axe que la figure initiale.

- en travaillant sur du papier quadrillé.

On compte le nombre de carrés qui se trouvent d'un côté de l'axe de réflexion et on fait le même dessin de l'autre côté de l'axe, perpendiculairement à cet axe.

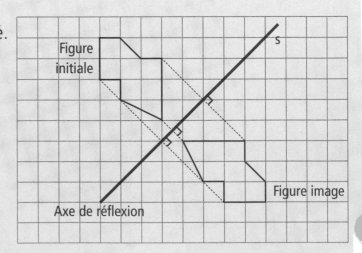

1 Léonard de Vinci écrivait ses notes de telle façon qu'on devait les regarder par réflexion dans un miroir pour pouvoir les lire. Observe les lettres suivantes et relie-les à leur réflexion dans le miroir.

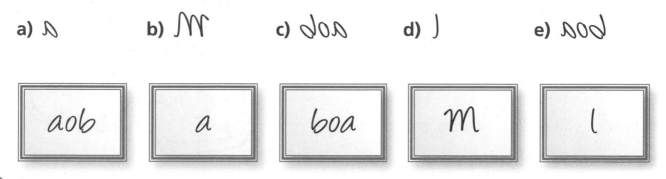

a)   b)   c)   d)   e)

2 Rachel regarde quelques plans de jardins faits par Léonard de Vinci. Dans chaque cas, il a tracé une partie du plan du jardin. Trace l'autre partie en faisant une réflexion par rapport à l'axe indiqué.

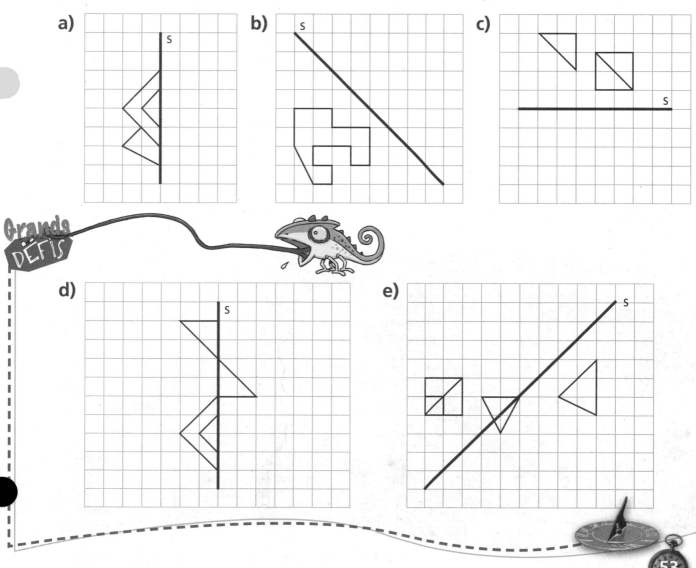

a)   b)   c)

Grands DÉFIS

d)   e)

Nouveau voyage dans la machine à voyager dans le temps et nouvel arrêt. Cette fois, nos amis sont en Suède, en 1745. Le scientifique Carl von Linné vient de faire accepter la nouvelle échelle de température qui inverse l'échelle de Anders Celsius. À son thermomètre, l'eau gèle à 0 °C et bout à 100 °C.

SAVAIS-TU QUE...

En 1742, l'astronome et physicien suédois Anders Celsius a inventé le thermomètre qui porte son nom. Sur son échelle de température, le 0 °C se situait au haut et le 100 °C, au bas. Donc, l'eau bouillait à 0 °C et gelait à 100 °C.

Une échelle de température est un système de référence présentant une suite de nombres continue. Les nombres sont ordonnés à intervalles égaux. Les symboles ° et C signifient respectivement « degrés » et « Celsius ».

Le diagramme à ligne brisée

Un diagramme est une représentation visuelle ou schématique d'un ensemble de données.

Un **diagramme à ligne brisée** est formé de points successifs qui représentent les valeurs d'une variable (les données). Ces points sont reliés par des segments de droite. Ce type de diagramme permet de représenter un phénomène continu, par exemple la variation de la température en fonction du temps. On conçoit un diagramme à ligne brisée à partir d'un **tableau de données**.

| Températures observées pendant la première semaine de juillet ||
Date	Température (°C)
1	10
2	11
3	12
4	10
5	14
6	12
7	16

Pour construire un diagramme à ligne brisée, il faut suivre les étapes suivantes.

1. Sur une feuille quadrillée, trace, à l'aide de ta règle, un axe horizontal ⇒.

2. À l'aide de ta règle, trace un axe vertical ⬆.

3. Donne un titre à tes 2 axes. Sur l'**axe vertical**, on indique les valeurs de la variable étudiée (la température, la hauteur des marées, le prix). Sur l'**axe horizontal**, on écrit les unités de temps (le temps, l'heure, la date).

4. Gradue tes 2 axes. Le « **pas de graduation** », c'est-à-dire l'intervalle entre chacun des nombres écrits sur l'axe, doit être le même. Si tu ne commences pas ta graduation à « 0 », tu indiques une brisure d'axe.

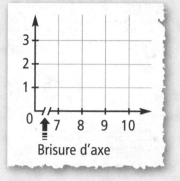
Brisure d'axe

5. Place les points du tableau de données sur le diagramme.

6. Relie les points à l'aide de ta règle.

7. Donne un titre à ton diagramme.

Exemple :

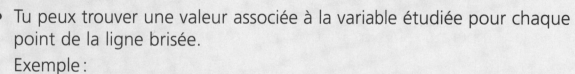

SOUVIENS—toi QUE...

- Tu peux trouver une valeur associée à la variable étudiée pour chaque point de la ligne brisée.

Exemple :

A : Le 5 juillet, il a fait 14 °C.

B : Il a fait 15 °C entre le 6 et le 7 juillet.

Zachary observe le diagramme des températures mesurées dans la ville suédoise d'Uppsala pendant la journée du 16 octobre 1745.

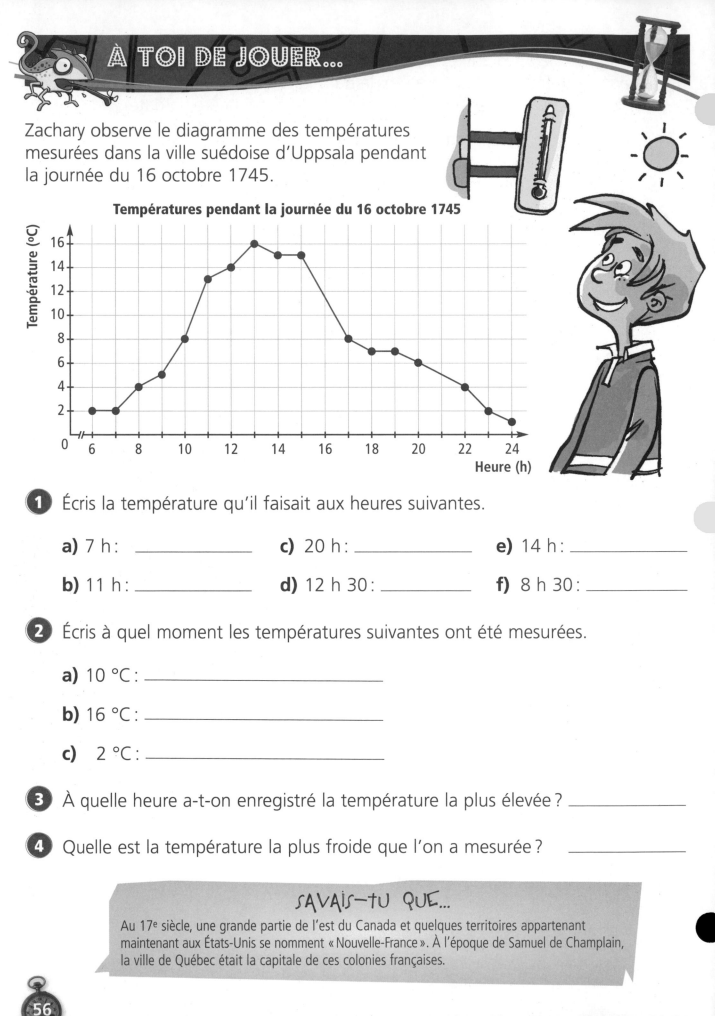

Températures pendant la journée du 16 octobre 1745

1 Écris la température qu'il faisait aux heures suivantes.

a) 7 h : _____   **c)** 20 h : _____   **e)** 14 h : _____

b) 11 h : _____   **d)** 12 h 30 : _____   **f)** 8 h 30 : _____

2 Écris à quel moment les températures suivantes ont été mesurées.

a) 10 °C : _____

b) 16 °C : _____

c)   2 °C : _____

3 À quelle heure a-t-on enregistré la température la plus élevée ? _____

4 Quelle est la température la plus froide que l'on a mesurée ?   _____

SAVAIS-TU QUE...

Au 17e siècle, une grande partie de l'est du Canada et quelques territoires appartenant maintenant aux États-Unis se nomment « Nouvelle-France ». À l'époque de Samuel de Champlain, la ville de Québec était la capitale de ces colonies françaises.

5 Rachel trouve le journal d'un navigateur qui a mesuré le niveau de la mer lors des marées du 18 septembre 1745, en Nouvelle-France.

- Construis le diagramme à ligne brisée à partir de ce tableau des marées.

- Place les heures sur l'axe horizontal. N'oublie pas que le pas de graduation doit être constant. Donne un titre à l'axe.

- Place le niveau de la mer sur l'axe vertical. N'oublie pas que le pas de graduation doit être constant. Donne un titre à l'axe.

- Place les points en te servant du tableau de données.

- À l'aide de ta règle, relie les points.

- Trouve un titre et écris-le au-dessus de ton diagramme.

Niveau de la mer de 3 h à 21 h	
Heure	Niveau en centimètres (cm)
3 h	20
6 h	25
9 h	50
11 h	40
14 h	30
18 h	60
20 h 30	100

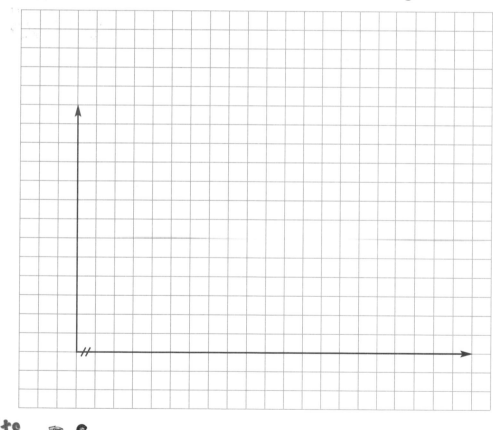

Petits DÉFIS

6 Quand le niveau de la mer était-il de 50 cm ? _____

Une balade sur la plage

Comme ils ont besoin de faire une pause, Rachel et Zachary décident d'aller à la plage de la baie de Fundy. Ils veulent s'y promener pendant 1 h 30 min puis y faire un pique-nique. Ils savent qu'il est interdit de rester sur la plage quand la marée atteint 4 m de hauteur. Voici la table des marées de la journée où ils souhaitent aller à la plage.

SAVAIS-TU QUE...

La marée est le mouvement périodique et quotidien du niveau de la mer. Durant la journée, la marée monte et descend 2 fois. La marée qui monte se nomme « marée haute ». La marée qui descend se nomme « marée basse ».

Les marées de la baie de Fundy, au Nouveau-Brunswick, sont spectaculaires mais très dangereuses. Parfois, elles atteignent 16 mètres de hauteur.

Marée haute		Marée basse	
Heure	Niveau de la mer	Heure	Niveau de la mer
10 h 47	9,3 m	4 h 38	1,8 m
23 h 06	9,6 m	17 h 00	2,2 m

– À partir de quelle heure pourront-ils aller à la plage ?

– Après leur promenade de 1 h 30 min, combien de temps leur restera-t-il pour y pique-niquer ?

Comprendre

Ce que je sais	Ce que je cherche

Une balade sur la plage

As-tu vérifié ta démarche ?

Réponse complète : _____

_____

_____

J'ai aimé faire ce problème…

beaucoup un peu pas du tout

J'ai trouvé que ce problème était…

très facile facile difficile

Zachary et Rachel se demandent si le thermomètre a toujours eu la même apparence. Carl von Linné, scientifique passionné, leur montre sa collection de thermomètres provenant de diverses époques.

L'ordre croissant, l'ordre décroissant et la ligne du temps

- Pour ordonner des nombres par ordre croissant, on les place du plus petit au plus grand.

  Exemple : 143 • 123 • 1234 • 1224 • 34 • 345 • 1034 • 29 • 22

  1. On regroupe les nombres à :
     - 2 chiffres   34, 29, 22
     - 3 chiffres   143, 123, 345
     - 4 chiffres   1234, 1224, 1034

  2. On prend l'ensemble des nombres ayant le plus petit nombre de chiffres.
     1er ensemble : 34, 29, 22

  3. On regarde le chiffre dont la valeur de position est la plus grande et on classe les nombres par ordre croissant, du plus petit au plus grand.
     29, 22, 34

  4. Pour les nombres ayant le même chiffre à la valeur de position la plus grande, on regarde le chiffre placé à la valeur de position inférieure et on classe les chiffres par ordre croissant.
     22, 29, 34

  5. Si les nombres de l'ensemble ont plus de 2 chiffres, on continue en comparant les chiffres, de la valeur de position la plus grande à la valeur de position la moins grande, jusqu'à ce qu'on ait ordonné tous les nombres de cet ensemble.

6. On prend les ensembles suivants et on recommence à partir de l'étape 3.

123, 143, 345

1034, 1224, 1234

Ensuite, on écrit les nombres par ordre croissant.

> 22 • 29 • 34 • 123 • 143 • 345 • 1034 • 1224 • 1234

- Si on voulait classer ces nombres par ordre décroissant, du plus grand au plus petit, on les écrirait dans l'ordre inverse.

> 1234 • 1224 • 1034 • 345 • 143 • 123 • 34 • 29 • 22

- On pourrait les placer sur une droite graduée appelée « droite numérique ».

- Si les nombres à ordonner sont des dates, on peut les placer sur une ligne du temps.

Une ligne du temps est semblable à une droite numérique, mais elle permet de situer des événements dans le temps. On parle alors d'ordre « chronologique » plutôt que d'ordre croissant.

La ligne du temps est divisée en segments égaux qu'on appelle « pas de graduation ».

Exemple :

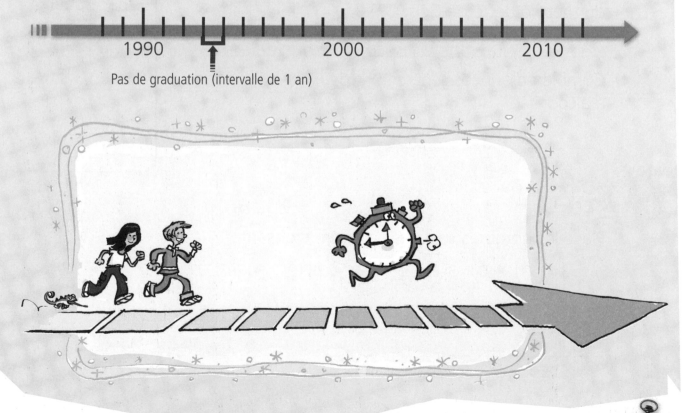

1990   2000   2010

Pas de graduation (intervalle de 1 an)

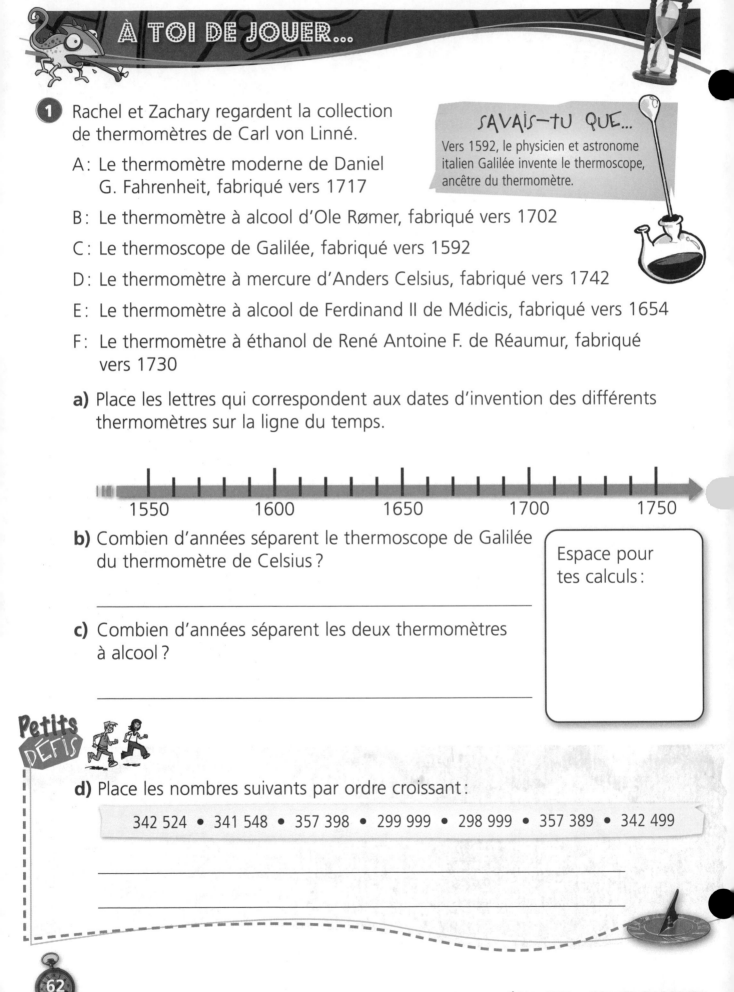

1 Rachel et Zachary regardent la collection de thermomètres de Carl von Linné.

SAVAIS-TU QUE...
Vers 1592, le physicien et astronome italien Galilée invente le thermoscope, ancêtre du thermomètre.

A : Le thermomètre moderne de Daniel G. Fahrenheit, fabriqué vers 1717

B : Le thermomètre à alcool d'Ole Rømer, fabriqué vers 1702

C : Le thermoscope de Galilée, fabriqué vers 1592

D : Le thermomètre à mercure d'Anders Celsius, fabriqué vers 1742

E : Le thermomètre à alcool de Ferdinand II de Médicis, fabriqué vers 1654

F : Le thermomètre à éthanol de René Antoine F. de Réaumur, fabriqué vers 1730

a) Place les lettres qui correspondent aux dates d'invention des différents thermomètres sur la ligne du temps.

1550   1600   1650   1700   1750

b) Combien d'années séparent le thermoscope de Galilée du thermomètre de Celsius ?

_____

Espace pour tes calculs :

c) Combien d'années séparent les deux thermomètres à alcool ?

_____

Petits DÉFIS

d) Place les nombres suivants par ordre croissant :

342 524 • 341 548 • 357 398 • 299 999 • 298 999 • 357 389 • 342 499

_____

_____

2 Qui suis-je ? Effectue tes calculs sur une feuille de papier.

a) Je suis un nombre pair plus grand que 280 000 mais plus petit que 290 000. Mon chiffre placé à la position des dizaines est le double de celui qui est placé à la position des centaines, et tous les deux sont des multiples de 3. Mon chiffre placé à la position des unités de mille est un nombre premier et un diviseur du nombre de dizaines de mille. Mon chiffre placé à la position des unités est un multiple de tous les nombres. Qui suis-je ?

_____

b) Je suis un nombre impair plus petit que 80 000 mais plus grand que 69 000. Mon chiffre placé à la position des dizaines est le carré de celui qui est placé à la position des unités. Mon chiffre placé à la position des centaines est la moitié de celui qui est placé à la position des unités de mille. Il est aussi de 1 de plus que celui qui est placé à la position des unités. Mon chiffre placé à la position des unités de mille est le carré de celui qui est placé à la position des centaines. Le chiffre placé à la position des dizaines de mille est un nombre premier. Qui suis-je ?

_____

c) Choisis un nombre plus grand que 123 765. Compose une devinette sur ce nombre et pose-la à un ami. Sois précis dans le choix de ton vocabulaire !

_____

_____

_____

_____

_____

_____

_____

Réponse complète : _____

Après avoir fait un nouveau voyage dans le temps, nos deux amis se retrouvent en Grande-Bretagne, en 1770. Lord John Montagu, quatrième comte de Sandwich, vient de se faire apporter son repas. Zachary et Rachel le regardent manger son sandwich.

SAVAIS—TU QUE...

Vers 1765, le comte de Sandwich, homme très occupé, demande à son cuisinier de lui servir son rosbif entre 2 tranches de pain. Le sandwich est né !

En 1778, le capitaine James Cook découvre de nouvelles îles dans l'océan Pacifique. Il les nomme « îles Sandwich » en l'honneur de Lord John Montagu. Aujourd'hui, cet archipel d'îles se nomme « Hawaii ».

Le diagramme en arbre

- Pour dénombrer les résultats d'une expérience aléatoire, on peut noter les résultats à l'aide d'un arbre des possibilités. Une expérience aléatoire est une expérience liée au hasard.

Exemple :

 Tu piges 2 billes dans ce sac, l'une après l'autre. L'événement « piger 2 billes pareilles » a-t-il plus de probabilités de se produire que l'événement « piger 2 billes différentes » ?

1. Pour construire l'arbre des possibilités, on note dans la première colonne les résultats possibles. Ici, au premier tirage, j'ai la possibilité de piger 1 bille rouge ou 1 bille rouge ou 1 bille bleue ou 1 autre bille bleue. On relie donc ces 4 résultats.

2. La deuxième colonne représente la deuxième étape du tirage. Si j'ai déjà pigé 1 bille rouge, il reste 3 billes dans le sac. Je peux alors piger 1 bille rouge ou 1 bille bleue ou 1 bille bleue. On relie donc les résultats possibles du deuxième tirage aux résultats du premier tirage.

3. On note tous les résultats possibles du deuxième tirage et tous les résultats du premier tirage.

4. On note l'ensemble des résultats possibles dans la troisième colonne.

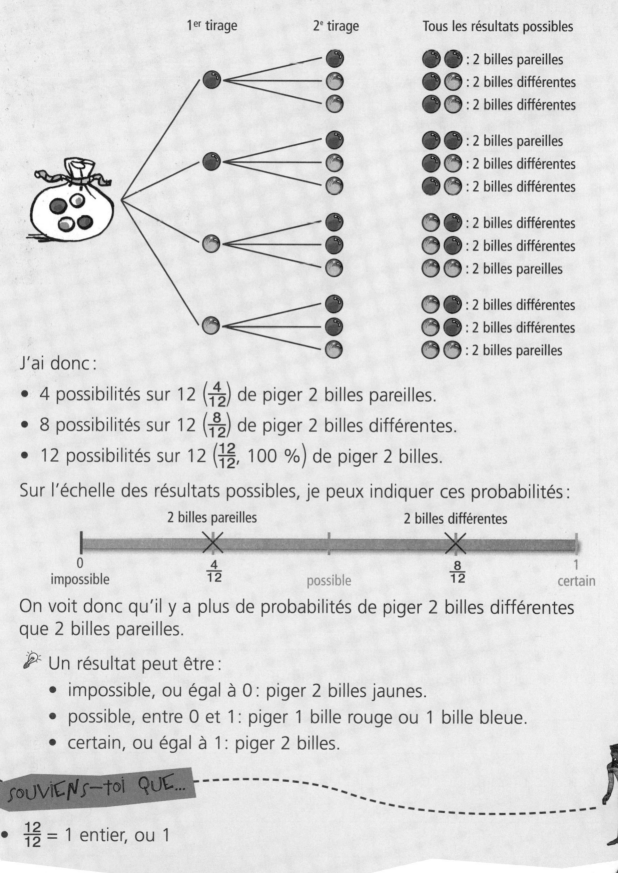

J'ai donc :

- 4 possibilités sur 12 $\left(\frac{4}{12}\right)$ de piger 2 billes pareilles.

- 8 possibilités sur 12 $\left(\frac{8}{12}\right)$ de piger 2 billes différentes.

- 12 possibilités sur 12 $\left(\frac{12}{12}, 100\ \%\right)$ de piger 2 billes.

Sur l'échelle des résultats possibles, je peux indiquer ces probabilités :

On voit donc qu'il y a plus de probabilités de piger 2 billes différentes que 2 billes pareilles.

📌 Un résultat peut être :

- impossible, ou égal à 0 : piger 2 billes jaunes.
- possible, entre 0 et 1 : piger 1 bille rouge ou 1 bille bleue.
- certain, ou égal à 1 : piger 2 billes.

SOUVIENS-toi QUE...

- $\frac{12}{12} = 1$ entier, ou 1

1 Dans la cuisine du comte de Sandwich, nos deux amis trouvent une part de salade aux œufs et trois parts de salade de poulet.

a) Si Zachary met au hasard 2 parts de ces garnitures dans son sandwich, trace un arbre des possibilités pour dénombrer les résultats.

b) Écris les probabilités de manger un sandwich au poulet et aux œufs.

_____

_____

c) Écris les probabilités de manger un sandwich seulement au poulet.

_____

_____

d) Sur l'échelle suivante, indique par un X la probabilité de manger un sandwich.

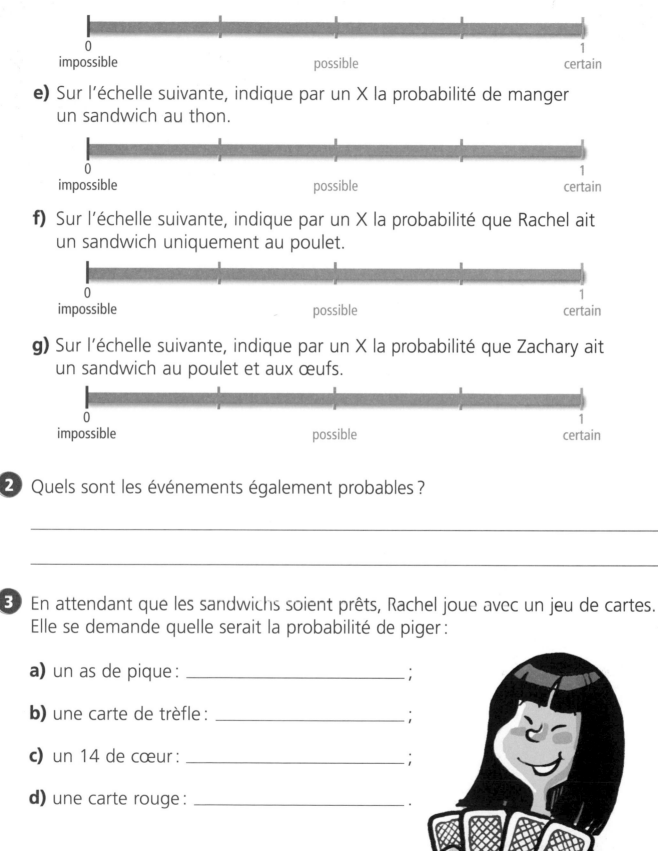

0
impossible   possible   1
certain

e) Sur l'échelle suivante, indique par un X la probabilité de manger un sandwich au thon.

0
impossible   possible   1
certain

f) Sur l'échelle suivante, indique par un X la probabilité que Rachel ait un sandwich uniquement au poulet.

0
impossible   possible   1
certain

g) Sur l'échelle suivante, indique par un X la probabilité que Zachary ait un sandwich au poulet et aux œufs.

0
impossible   possible   1
certain

2 Quels sont les événements également probables ?

_____

_____

3 En attendant que les sandwichs soient prêts, Rachel joue avec un jeu de cartes. Elle se demande quelle serait la probabilité de piger :

a) un as de pique : _____ ;

b) une carte de trèfle : _____ ;

c) un 14 de cœur : _____ ;

d) une carte rouge : _____ .

    Thème 2 • Un voyage dans le temps

4 Zachary se demande si la probabilité qu'une pièce de monnaie tombe sur « pile » est la même que celle qu'elle tombe sur « face ». Il a déjà lancé une pièce 4 fois et a obtenu pile, face, pile, pile.

a) Quel devrait être le résultat de son prochain lancer ?

_____

b) Lance une pièce de monnaie 30 fois. À chaque lancer, note le résultat obtenu dans le tableau suivant en faisant un trait de crayon dans la bonne colonne.

Pile	Face
Total des lancers :	Total des lancers :

c) Additionne tes résultats et ceux de 5 amis. Que se passe-t-il ?

	Pile	Face
Mes résultats		
Ami 1		
Ami 2		
Ami 3		
Ami 4		
Ami 5		
	Total des lancers :	Total des lancers :

d) Fais maintenant la même chose avec les résultats de tous les élèves de la classe.

Pile	Face
Total des lancers :	Total des lancers :

e) Que remarques-tu ?

_____

_____

_____

En plus des œufs et du poulet, Zachary a trouvé du fromage. Il a donc confectionné plusieurs sandwichs. Avant de les manger, Rachel et Zachary s'amusent à les découper en portions puis à les classer.

Ordonner des fractions

On peut ordonner des fractions par ordre croissant ou par ordre décroissant.

Si les fractions ont le même dénominateur, on les ordonne à l'aide de leur numérateur.

Exemple :

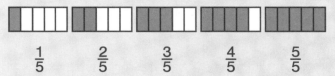

$$\frac{1}{5} \qquad \frac{2}{5} \qquad \frac{3}{5} \qquad \frac{4}{5} \qquad \frac{5}{5}$$

Si les fractions n'ont pas le même dénominateur, il est facile de les ordonner si leur numérateur est égal à 1.

Exemple :

$$\frac{1}{8} \qquad \frac{1}{6} \qquad \frac{1}{4} \qquad \frac{1}{3} \qquad \frac{1}{2}$$

Tu remarques que quand le numérateur est le même, plus le dénominateur est grand, plus la fraction est petite.

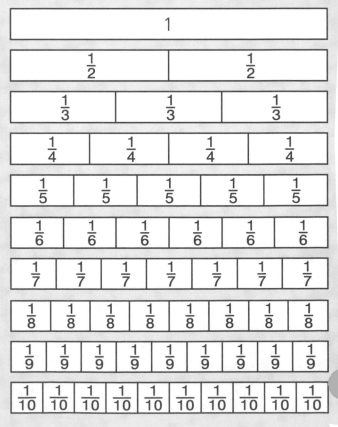

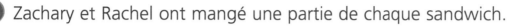
1 Zachary et Rachel ont mangé une partie de chaque sandwich.

a) Indique sous chaque sandwich la fraction marquée par le cure-dent.

_____

b) Ordonne ces fractions de sandwichs par ordre croissant.

_____

2 Il y a 5 tartelettes entamées pour dessert. Il reste $\frac{5}{10}$ de tartelette aux fraises, $\frac{2}{10}$ de tartelette au chocolat, $\frac{1}{6}$ de tartelette aux pêches, $\frac{2}{6}$ de tartelette aux pommes et $\frac{6}{9}$ de tartelette aux bleuets. Zachary choisit la plus grosse portion. Rachel choisit la plus petite portion. Quelles tartelettes Zachary et Rachel mangeront-ils ?

Comprendre		Résoudre
Ce que je sais	Ce que je cherche	Ce que je fais
		As-tu vérifié ta démarche ?

Réponse complète : _____

_____

3 Dans la salle à manger du manoir de Lord Sandwich, Zachary trouve un jeu de roulette assez spécial.

a) Colorie le $\frac{1}{8}$ de cette roulette en jaune, le $\frac{1}{6}$ en vert, le tiers en bleu, le quart en orange, le $\frac{1}{12}$ en rouge et laisse le $\frac{1}{24}$ en blanc.

b) Si tu fais tourner la flèche qui se trouve au centre de la roulette, sur quelle couleur aurait-elle le plus de probabilités d'arrêter ? _____

c) Sur quelle couleur aurait-elle le moins de probabilités d'arrêter ?

_____

d) Sur l'échelle des résultats possibles suivante, indique la probabilité que la flèche s'arrête sur chaque couleur.

```
0                          possible                        1
impossible                                              certain
```

Nos deux amis reprennent leur voyage dans le temps. Ils arrivent à Baddeck, en Nouvelle-Écosse, le 23 février 1909. Un drôle d'avion leur passe au-dessus de la tête. C'est le Silver Dart! Zachary aimerait bien acheter le matériel nécessaire pour en fabriquer un semblable.

SAVAIS-TU QUE...

L'inventeur du téléphone, Alexander G. Bell, a aussi été très actif dans le domaine de l'aviation. Le Silver Dart est le premier avion à avoir volé au-dessus du Canada. Il a été conçu et construit par un groupe fondé en 1907 par Alexander G. Bell, qui rêve de voler depuis l'enfance.

Le calcul de l'argent

Notre système monétaire est un système décimal, comme l'est notre système de numération. Cela veut dire qu'il respecte les règles de la numération en base 10.

La valeur de base est le dollar; 1 dollar s'écrit 1 $ ou 1,00 $.

La plus petite valeur de notre système est le cent. C'est la centième partie d'un dollar, car 100 cents équivalent à 1 dollar; 1 cent s'écrit 1 ¢ ou 0,01 $.

- Les pièces de monnaie ont diverses valeurs :

1 ¢   5 ¢   10 ¢   25 ¢

- Les dollars se trouvent sous les formes suivantes :

1 $ 2 $ 5 $ s10 $

20 $ 50 $ 100 $

Quand on met ensemble des dollars et des cents, il est important de respecter la valeur de position.

Exemple :
233,74 $

Centaines	Dizaines	Unités	,	Dixièmes	Centièmes	⇒ Position
2	3	3	,	7	4	⇒ Valeur

Si on veut faire la somme de :

4 $ et 3 ¢

1. On transforme l'écriture des dollars.   4 $ = 4,00 $

2. On transforme les ¢ en $.   3 ¢ = 0,03 $

3. On effectue l'addition.
$$
\begin{aligned}
4{,}00\ \$ \\
+\ 0{,}03\ \$ \\
\hline
4{,}03\ \$
\end{aligned}
$$

Exemple :
10 $ + 1 $ + 2 $ + 25 ¢ + 5 ¢

1. On transforme l'écriture des dollars.   10 $ = 10,00 $

                                                                             1 $ = 1,00 $

                                                                             2 $ = 2,00 $

2. On transforme les ¢ en $.   25 ¢ = 0,25 $

3. On effectue l'addition.   5 ¢ = 0,05 $

$$
\begin{aligned}
10{,}00\ \$ \\
+\ 1{,}00\ \$ \\
+\ 2{,}00\ \$ \\
+\ 0{,}25\ \$ \\
+\ 0{,}05\ \$ \\
\hline
13{,}30\ \$
\end{aligned}
$$

SOUVIENS-toi QUE...

- Chacun des chiffres qui vient après la virgule dans l'écriture de notre système monétaire se nomme « décimale ».

1 Calcule la somme d'argent que représentent :

a) 2 pièces de 10 ¢, 2 pièces de 25 ¢, 14 pièces de 1 ¢ et 3 billets de 5 $.

> Espace pour ton calcul :

b) 2 pièces de 2 $, 4 pièces de 25 ¢, 10 pièces de 10 ¢ et 5 pièces de 5 ¢.

> Espace pour ton calcul :

c) 17 pièces de 0,01 $, 3 pièces de 0,25 $, 7 pièces de 0,05 $ et 1 billet de 10 $.

> Espace pour ton calcul :

d) 3 billets de 20 $, 7 pièces de 25 ¢, 4 pièces de 1 ¢ et 8 pièces de 5 ¢.

> Espace pour ton calcul :

2 Tu as un billet de 10 $. Quelles pièces pourrait-on te rendre si tu achètes des articles qui valent :

a) 9,50 $?

Espace pour ton calcul :

b) 1,37 $?

Espace pour ton calcul :

c) 8,53 $?

Espace pour ton calcul :

d) 4,97 $?

Espace pour ton calcul :

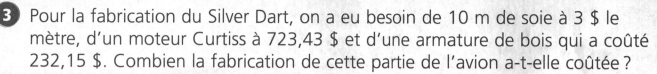

3 Pour la fabrication du Silver Dart, on a eu besoin de 10 m de soie à 3 $ le mètre, d'un moteur Curtiss à 723,43 $ et d'une armature de bois qui a coûté 232,15 $. Combien la fabrication de cette partie de l'avion a-t-elle coûtée ?

Comprendre		Résoudre
Ce que je sais	Ce que je cherche	Ce que je fais
		As-tu vérifié ta démarche ?

Réponse complète : _____

4 Des marchands vendent des cornets d'amandes grillées à 57 ¢ chacun, des pommes à 12 ¢ chacune, des biscuits à 15 ¢ chacun et des gâteaux à 1,20 $ chacun. Rachel et Zachary ont ensemble 2 pièces de 1 $, 3 pièces de 25 ¢, 2 pièces de 10 ¢ et 13 pièces de 1 ¢. Ont-ils assez d'argent pour acheter 2 cornets d'amandes, 1 gâteau et 2 pommes ? Écris le montant qui leur manque ou le montant d'argent qu'ils ont en trop.

Comprendre		Résoudre
Ce que je sais	Ce que je cherche	Ce que je fais
		As-tu vérifié ta démarche ?

Réponse complète : _____

Un jeu de l'oie

Tu dois commander à un artisan un jeu comprenant 100 cases numérotées.

Les cases où il y a des nombres premiers doivent être peintes en vert.
Les autres seront peintes en jaune. Tu dois donc indiquer à l'artisan quelles sont les cases vertes.

La planche de jeu peut être faite en bois ou en plastique. Celle qui est faite en bois coûte 12,56 $, tandis que celle qui est faite en plastique coûte 9,43 $.

Ton jeu doit permettre à 6 personnes de jouer.

Les pions de bois coûtent 2,10 $ la paire, les pions de plastique coûtent 92 ¢ pour un paquet de 2 et les pions de papier mâché coûtent 57 ¢ pour un paquet de 3.

Tous les prix incluent les taxes.

Tu as un budget de 25,15 $.

– Remplis le bon de commande pour l'artisan.

Comprendre	
Ce que je sais	Ce que je cherche

Un jeu de l'oie

M. L'Ébéniste
987, rue de l'Érable
Saint-Jean-des-Pins, Québec

BON DE COMMANDE

Quantité	Article	Prix unitaire (en $)	Total (en $)
		Prix total	

Commentaires : _____

_____

_____

_____

Espace pour ton calcul :

As-tu vérifié ta démarche ?

Autoévaluation à colorier

J'ai aimé faire ce problème…			J'ai trouvé que ce problème était…		
beaucoup	un peu	pas du tout	très facile	facile	difficile

Les nombres premiers jusqu'à 100

On se rappelle du crible d'Ératosthène.

On garde 2, 3, 5 et 7 et on élimine leurs multiples se trouvant entre 2 et 101.

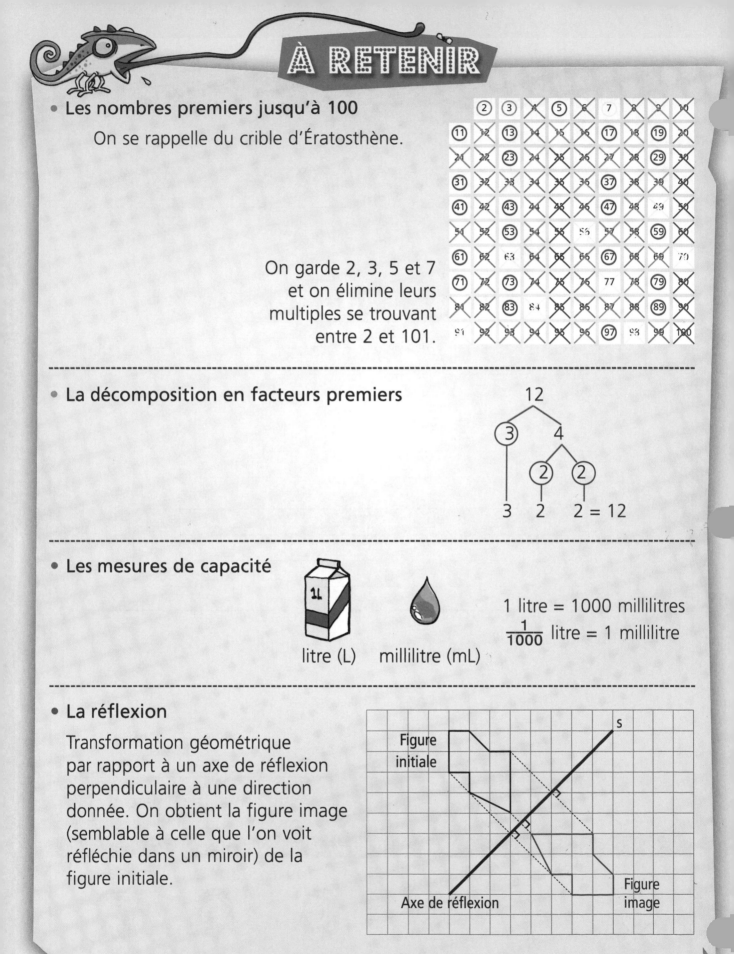

La décomposition en facteurs premiers

12

3   4

2   2

3   2   2 = 12

Les mesures de capacité

litre (L)   millilitre (mL)

1 litre = 1000 millilitres

$\frac{1}{1000}$ litre = 1 millilitre

La réflexion

Transformation géométrique par rapport à un axe de réflexion perpendiculaire à une direction donnée. On obtient la figure image (semblable à celle que l'on voit réfléchie dans un miroir) de la figure initiale.

Figure initiale

s

Axe de réflexion

Figure image

- Le diagramme à ligne brisée

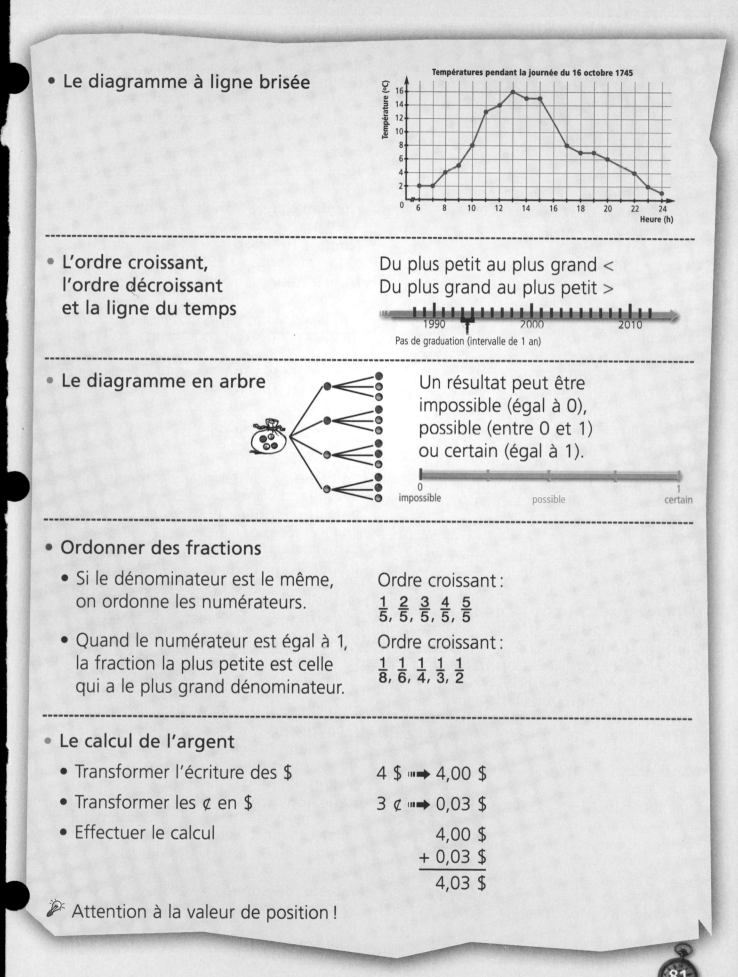

Températures pendant la journée du 16 octobre 1745

- L'ordre croissant,
  l'ordre décroissant
  et la ligne du temps

Du plus petit au plus grand <
Du plus grand au plus petit >

Pas de graduation (intervalle de 1 an)

- Le diagramme en arbre

Un résultat peut être
impossible (égal à 0),
possible (entre 0 et 1)
ou certain (égal à 1).

0 impossible   possible   1 certain

- Ordonner des fractions

  - Si le dénominateur est le même,
    on ordonne les numérateurs.

    Ordre croissant :
    $\dfrac{1}{5}, \dfrac{2}{5}, \dfrac{3}{5}, \dfrac{4}{5}, \dfrac{5}{5}$

  - Quand le numérateur est égal à 1,
    la fraction la plus petite est celle
    qui a le plus grand dénominateur.

    Ordre croissant :
    $\dfrac{1}{8}, \dfrac{1}{6}, \dfrac{1}{4}, \dfrac{1}{3}, \dfrac{1}{2}$

- Le calcul de l'argent

  - Transformer l'écriture des $ 4 $ ⇒ 4,00 $

  - Transformer les ¢ en $ 3 ¢ ⇒ 0,03 $

  - Effectuer le calcul
    $$\begin{array}{r} 4,00\ \$ \\ +\ 0,03\ \$ \\ \hline 4,03\ \$ \end{array}$$

Attention à la valeur de position !

GLOSSAIRE

Angle aigu Angle dont la mesure est plus petite que celle d'un angle droit sans être nulle.

Angle droit Angle formé par deux demi-droites perpendiculaires ayant la même origine.

Angle obtus Angle dont la mesure est plus grande que celle d'un angle droit sans être un angle plat.

Axe de symétrie Axe de réflexion perpendiculaire à une direction donnée.

Axe horizontal Axe des x (ou des abscisses) dans un plan cartésien.

Axe vertical Axe des y (ou des ordonnées) dans un plan cartésien.

Base Dans un polyèdre, face sur laquelle repose la pyramide ou les 2 faces parallèles et congruentes du prisme.

Capacité Mesure de contenance d'un récipient, quantité que celui-ci peut contenir.

Carré Quadrilatère ayant deux paires de côtés parallèles, quatre côtés de même mesure et quatre angles droits.

Congruent, congruente *voir Figures congruentes* et *Côtés congruents*

Coordonnées Dans un plan, couple de nombres permettant de situer un point.

Côtés congruents (ou isométriques) Côtés ayant la même mesure.

Dallage Recouvrement d'une surface plane au moyen de figures, identiques ou non, sans espace libre ni superposition.

Dénominateur Nombre de parties équivalentes qui forment et partagent le tout.

Développement Dans un plan, représentation montrant toutes les faces du polyèdre, reliées les unes aux autres par une arête.

Diagramme à ligne brisée Diagramme dans lequel les données sont représentées par des points successifs reliés par des segments de droite.

Diviseur Nombre qui divise un autre nombre sans reste.

Face latérale Face du polyèdre qui n'est pas sa base ou ses bases.

Facteur Chaque nombre intervenant dans une multiplication.

Figures congruentes (ou isométriques) Figures directement superposables, ayant la même forme et les mêmes mesures.

Fraction Nombre désignant une partie d'un tout ou d'une collection. Constituée d'un numérateur et d'un dénominateur.

Losange Quadrilatère ayant deux paires de côtés parallèles, quatre côtés ayant la même mesure et deux paires d'angles opposés ayant la même mesure.

Nombre carré Nombre pouvant être représenté par un carré.

Nombre composé Nombre supérieur à 1 et ayant plus de deux diviseurs distincts.

Nombre premier Nombre supérieur à 1 et ayant deux diviseurs distincts, soit 1 et lui-même.

Numérateur Nombre de parties équivalentes considérées.

Parallélogramme Quadrilatère ayant deux paires de côtés parallèles et congruents 2 à 2 et deux paires d'angles opposés ayant la même mesure.

Pas de graduation Intervalle constant entre chacun des nombres d'un axe ou d'une droite numérique.

Plan cartésien Plan formé de deux axes perpendiculaires, l'axe des x, horizontal, et l'axe des y, vertical.

Polyèdre Solide délimité de toutes parts par des surfaces planes appelées « faces ».

Polyèdre régulier Polyèdre dont toutes les faces sont délimitées par des polygones isométriques réguliers.

Prisme Polyèdre composé de deux polygones isométriques parallèles reliés par des quadrilatères. Si le prisme est droit, les arêtes latérales sont perpendiculaires aux bases.

Produit Résultat d'une multiplication de deux nombres appelés « facteurs ».

Pyramide Solide délimité par une surface polygonale (base) et formé d'autant de surfaces triangulaires que le polygone a de côtés.

Quadrilatère Polygone possédant quatre côtés.

Rectangle Quadrilatère ayant deux paires de côtés parallèles et congruents 2 à 2 et quatre angles droits.

Réflexion Transformation géométrique qui ne change ni la forme ni les dimensions d'une figure et permet d'obtenir une image miroir.

Solide Corps à trois dimensions délimité par des surfaces planes ou courbes.

Tableau de données Tableau dans lequel sont notées les données permettant de construire un diagramme.

Trapèze Quadrilatère possédant au moins une paire de côtés parallèles.